4 シリーズ〈都市地震工学〉
東京工業大学都市地震工学センター 編

# 都市構造物の耐震性

林　静雄……編

三木千壽　山田　哲　林　静雄　坂田弘安……著

朝倉書店

シリーズ〈都市地震工学〉

東京工業大学都市地震工学センター
（編集代表：大町達夫，翠川三郎，盛川　仁）
編集

### 編集者（第4巻）

林　　静雄　　東京工業大学応用セラミックス研究所・教授
（はやし　しずお）

### 執筆者（執筆順）

三木千壽　　東京工業大学大学院理工学研究科土木工学専攻・教授
（みき　ちとし）

山田　哲　　東京工業大学建築物理研究センター・准教授
（やまだ　さとし）

林　　静雄　　東京工業大学応用セラミックス研究所・教授
（はやし　しずお）

坂田弘安　　東京工業大学建築物理研究センター・教授
（さかた　ひろやす）

# シリーズ〈都市地震工学〉刊行にあたって

　日本は，世界有数の地震国として知られています．日本のような地震国に住み，安心・安全で質の高い文化生活を営むためには，地震に強い社会環境づくりが欠かせません．とりわけ人口や社会資本の集積が著しい現代都市を震災から守ることの重要性は明らかで，それを実現するための知識や技術が地震被害に苦しむ世界中の国や地域から日本に期待されています．近年，特に 1995 年阪神淡路大震災以降，都市の地震防災に関する学術研究や技術開発は大幅に進展しました．そこで都市震災軽減のための地震工学を新たに都市地震工学と呼び，この分野の学問と技術の体系化を試みることにしました．

　現代都市を，モノ（都市施設），ヒト（市民），社会（都市システム）の 3 要素に分けてみると，各要素が，老朽化，高齢化，複雑化などの問題点を内蔵しています．ひとたび大地震に直撃されると，それらを弱点として発生したさまざまな被害が連鎖的に悪循環を形成して，都市全体を巻き込む大震災にまで拡大し，やがて世界中に波及して未曾有の大災害を招く危険性があります．従来の地震防災対策では，モノの耐震性に主力が注がれてきましたが，地震被害の発生を抑え，悪循環の連鎖を断って，都市震災の軽減をはかるためには，ヒトや社会も含めた都市全体の総合防災力を学問と技術の有機的連携によって高めることが必要です．

　上記のような考えから，この都市地震工学シリーズは，地震ハザードや耐震性能の評価あるいは耐震補強技術だけでなく，地震時火災や防災教育，さらに防災投資などの分野を広く取り入れた構成にしています．本シリーズの出版は，文部科学省が支援する 21 世紀 COE プログラム「都市地震工学の展開と体系化」の活動の一環として当初から目標にしていたもので，本プログラムの事業推進担当者と協力者とで執筆しました．都市地震工学の体系化という大きな課題に対して漸く出版にまで漕ぎつけましたが，もとよりこれは最初の一歩であり今後も研鑽を積みながら内容を一層充実させて参りたいと考えています．読者の皆さまの率直なご批判やご叱正をお願いする次第です．

　このシリーズの出版に関して，さまざまなご協力を賜った朝倉書店編集部をはじめ，関係各位には，末筆ながら，厚くお礼申し上げます．

東京工業大学都市地震工学センター<br>
前 セ ン タ ー 長　大 町 達 夫

# 序

　私たちは，構造物を作るときに耐震性の検討を行うことは当たり前のように思っていますが，建築構造設計に耐震性が要求されるようになったのは，1923年の関東大震災のあとのことで，まだ100年も経っていません．もちろん構造物の耐震性は，地震時の人命保護の観点から研究が始まったわけですが，1995年阪神・淡路大震災以後，震災時においても人命だけではなく財産保護も大変重要であることが認識されるようになり，構造物の損傷の経過に関する研究が大変重要になっています．さらに最近では，耐震性確保の重要性は，単に人命や財産保護の観点だけでなく，地震によるがれきの削減，避難所や仮設住宅の建設など，震災時の行政の負担の軽減，ひいては早期の復旧と復興の観点から議論され，建築物の耐震性確保は社会性と高い公共性を有する課題として幅広い観点から研究が進められています．

　また，1950年ごろからの高度成長期に膨大な数の構造物が建設されましたが，竣工後60年以上経過する構造物に老朽化が見られるようになり，取り壊される構造物も増え，これらの解体廃棄物による環境劣化の懸念が高まっています．解体コンクリートの再資源化に関する研究も行われていますが，根本的な解決策は見出されていません．結局，これらのストックを長く使い続けることが，$CO_2$の排出削減，資源の保護さらには廃棄物の削減といった環境保護の観点から重要です．既存建築物を使い続け，持続的な都市を創造するためにも，構造物の耐震性と耐久性向上の技術は欠かすことが出来ません．

　本書は，上部構造の耐震性について，基本的な概念と最近の新しい設計法について解説したものです．第1章と第2章は，鋼構造による土木構造物と建築構造物に関するもので，第3章は鉄筋コンクリート構造に，第4章は木質構造に関するものです．いずれも，崩壊までの損傷過程を追究する設計法について解説しています．本書の執筆が終わるころ，東日本大震災が発生しました．上部構造の振動被害は，1978年宮城県沖地震の場合よりも少なく，本書で述べられている耐震性の評価はおおむね妥当なものであったと思っていますが，津波の被害や原子力施設の被害は想定をはるかに上回る被害となりました．天井の落下など非構造部材の被害が安全や復興に及ぼした影響も大きなもので，構造物の耐震性評価にまだまだ多くの課題があることが分かりました．

　今後多くの若者が新しい課題に挑戦し解決していくことを期待しています．

　　2012年2月

　　　　　　　　　　　　　　　　　　　　　　　　　　　　　　　　林　　静　雄

# 目　　次

1　土木鋼構造物の耐震性　　　　　　　　　　　　　　　　　　　　　　　　［三木千壽］— 1
　1.1　土木鋼構造物における地震被害事例とその分析　　1
　1.2　既設鋼製橋脚の耐震性能の評価　　6
　1.3　地震時脆性破壊の要因とそのシナリオ　　14
　1.4　鋼製橋脚における地震時脆性破壊防止に必要な鋼材の破壊靭性レベル　　17
　1.5　脆性破壊防止に必要な破壊靭性レベルの提案　　23

2　鉄骨造建築の耐震性　　　　　　　　　　　　　　　　　　　　　　　　　　［山田　哲］— 27
　2.1　鉄骨造建築の地震被害例　　27
　2.2　鉄骨造建築の耐震性能　　29

3　鉄筋コンクリート造建築の耐震性　　　　　　　　　　　　　　　　　　　　［林　静雄］— 39
　3.1　鉄筋コンクリート構造の歴史　　39
　3.2　鉄筋コンクリート構造の特徴　　40
　3.3　耐震設計の概念　　40
　3.4　鉄筋コンクリート構造の耐震性能　　41

4　木質構造物の耐震性　　　　　　　　　　　　　　　　　　　　　　　　　　［坂田弘安］— 50
　4.1　軸組架構柱-横架材接合部の力学的挙動　　50
　4.2　軸組木質架構における耐力要素の力学的挙動　　59
　4.3　水平構面の力学的挙動　　75
　4.4　モーメント抵抗接合部の力学的挙動　　86
　4.5　ま　と　め　　94

索　　引　　　　　　　　　　　　　　　　　　　　　　　　　　　　　　　　　　　　　　　— 95

# 1 土木鋼構造物の耐震性

## 1.1 土木鋼構造物における地震被害事例とその分析

ここでは，兵庫県南部地震における土木分野での鋼構造物の被害，特に，鋼橋における被害について述べる．

鋼橋は，もともと地形的，地盤的に厳しい環境条件で，構造的に複雑とならざるを得ない地点において，コンクリート橋に代わって適用されることが多い．にもかかわらず，兵庫県南部地震においては，落橋，倒壊など全壊したものもあるが，概して十分に耐震性を発揮したといってよい．鋼橋における被害は，上部構造と橋脚とをつなぐ支承部に集中した．また，鋼製橋脚の一部には，塑性変形や局部座屈などの損傷が見られた[1),2)]．鋼製橋脚は，地震によって最も影響を受ける構造物の筆頭とされ[3)]，実験などで予測されていたものの，史上初めて実際に被害を経験した．また，一部の上部構造には，フランジなどの座屈が発生した．以下に，鋼上部構造（支承・伸縮継手・耐震連結装置を含む）および鋼製橋脚について，各構造物ごとに被害の状況や原因などについて記述する．

### ▶ 1.1.1 鋼上部構造（支承・伸縮継手・耐震連結装置を含む）

橋梁の鋼上部構造に生じた被害は，中小桁橋から長大橋まで広く及んでいる．長大橋梁に発生した被害状況としては，主なものとしては以下があげられる．

明石海峡大橋（吊橋，960 m＋1990 m＋960 m）では，ケーブル架設および吊材の取付けが完了した架設段階で，兵庫県南部地震が発生した．淡路島側の橋脚およびアンカレッジが本州側に対して相対的にそれぞれ 0.8 m，1.3 m 移動し，結果的に，中央スパンが 1991 m と 1 m 延びた．しかしながら，構造系がフレキシブルであったため，ケーブル，主塔への損傷は生じなかった．六甲アイランド大橋（ダブルデッキアーチ橋）では，六甲アイランド側支点のピボットローラー支承からアーチ主塔が脱落し，約 3 m 橋軸直角方向に移動した（図 1.1）．そのほか，西宮港大橋（ニールセンローゼ橋，252 m）では，固定支承が破断し，橋軸方向へ移動した．また，護岸の移動により橋脚も影響を受け，移動と回転を生じた．この結果，甲子園側の隣接桁が落下した．これ以外の斜張橋，アーチ系橋梁も，比較的軽微であるが，桁端部，吊材部（図 1.2）に損傷が生じた．

一方，中小桁橋については，非常に多くの被害が発生した．そのため，ここでは，個々の桁橋の被害を記述することは避け，包括的に被害の特徴を述べる．

**図 1.1** 六甲アイランド大橋の上部工移動

鋼橋に生じた被害パターンは，1次損傷と2次損傷に大別して考えることができる．1次損傷とは地震力の直接作用により発生した損傷であり，1次損傷を受けた構造部材・部位の変位あるいは機能損失による他部材・部位の損傷を2次損傷と呼ぶ．構造物の耐震性向上のためには，1次損傷の原因を究明し，適切な設計法・構造の採用により損傷を防止することが不可欠である．

1次損傷としては，まず橋脚の傾斜・圧壊・移動，支承の破損があげられる．後述するように，橋脚の傾斜・圧壊・移動は，橋脚の局部座屈，割れなどにより発生する．支承の破損としては，支承板支承，ピボット支承，ピン支承，ローラー支承，線支承などほとんどの種類の支承で損傷が発生している．損傷例としては，支承が部品に分解されたケース（図1.3），さらにそれが落下したケース（図1.4），上沓

図1.4　落下した支承部品

図1.5　ピボット支承の上沓の割れ

図1.2　吊材の損傷例

図1.6　沓座モルタルの損傷

図1.3　支承部品の分解

図1.7　桁の移動（事例1）

図 1.8 桁の移動 (事例 2)

図 1.9 桁の移動 (事例 3)

図 1.10 フィンガージョイントの脱落

図 1.11 耐震連結装置および伸縮継手の損傷

図 1.12 伸縮継手の段差

が破損したケース (図 1.5), 沓座モルタルが損傷を受けたケース (図 1.6) などがある.

このような橋脚と支承の 1 次損傷により, 鋼上部構造には, 以下のような 2 次損傷が発生した.

- 桁の移動 (橋軸方向, 橋軸直角方向) (図 1.7 ～ 1.9)
- 耐震連結装置および伸縮継手の損傷 (図 1.10 ～ 1.12)
- 隣接橋梁との衝突による桁端部損傷

- 支持系の変化により連続桁フランジおよびウェブの局部座屈, 横構の座屈
- 落橋

その他の 1 次損傷としては, 桁端部の橋軸直角方向への屈服および変形 (図 1.13, 1.14), 吊材の抜け落ち, ケーブル制振装置の損傷などがあげられる. 桁端部の橋軸直角方向への屈服は, 並列鋼 I 桁橋の桁端部の支点上垂直補剛材が支承と下横構との間で発生し, 橋軸直角方向の地震作用力によるものと考

1.1 土木鋼構造物における地震被害事例とその分析

図 1.13 桁端の屈服

図 1.14 桁端の変形

図 1.15 兵庫県南部地震での被害例（矩形断面橋脚の角溶接割れ）

えられる．吊材の抜け落ちについては，たとえば，ニールセン橋の吊材に過大な張力が作用し，定着桁の局部変形により座金が脱落し，吊材が抜け落ちる，あるいは他の吊材ではたるみが生じるなどの損傷が生じた（図 1.2）．

鋼橋の地震被害の大半は，地盤変動に伴う橋脚の移動，橋脚の損傷，支承の損傷によるもので，これらの 1 次損傷により上部構造に生じた桁移動・桁の局部座屈・横構の座屈はいずれも 2 次損傷と考えることができる．

### ▶ 1.1.2 鋼製橋脚

渡邊ら[3]は，鋼製橋脚に見られた被害を，座屈破壊，脆性破壊，低サイクル疲労破壊に分類している．その他，鋼製橋脚には，角溶接に割れが生じ，橋脚が押し潰されたように脆性的に倒壊する例もあった．この損傷も重大な損傷として考えられるべきである．したがって，ここでは，地震における被害を，a. 角溶接割れ，b. 座屈破壊，c. 低サイクル疲労破壊，d. 脆性破壊と分類する．このように分類した最大の理由は，それらの損傷に対する防止法が互いに異なるアプローチを必要とするためである．以下に，それぞれの被害形式の特徴を簡潔に述べておくこととする．

#### a. 角溶接割れ

角溶接割れは，急激に橋脚の載荷能力を奪い，上部工の落下など致命的な損傷をもたらす（図 1.15）．

これは，溶接の溶込みが足りないなど溶接手法自体に問題があると考えられ，鋼製橋脚の優れた変形性能を期待した場合，発生してはならない当然防止されるべき損傷形式である．これに対しては，兵庫県南部地震以降，角溶接を完全溶込み溶接とするようにする，角補強材を導入するなどの未然防止策が提案されている[2),4)]．

#### b. 座屈破壊

座屈は，薄肉補剛中空断面で構成される鋼製橋脚の宿命的な損傷ともいえるが，兵庫県南部地震では，多く局部座屈の事例が見られた．特に，単柱形式の橋脚に大きな局部座屈が発生したと報告されている．図 1.16 は，矩形断面の局部座屈事例を示す．座屈箇所では塗料が剥がれ，局面上に凸凹ができるためすぐに発生箇所を判別できる．このような矩形断面での局部座屈は幅厚比や補剛材の剛度などの構造パラメータの影響を受けることが知られており，急激な耐力低下をもたらすような局部座屈を防止しなければならないが，そのためには，構造パラメータの影響度を明らかにし，鋼製橋脚の要求性能に応じ

図 1.16 矩形断面橋脚の局部座屈

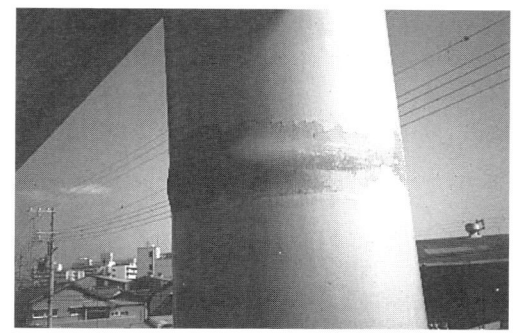

図 1.17 円形断面橋脚の局部座屈

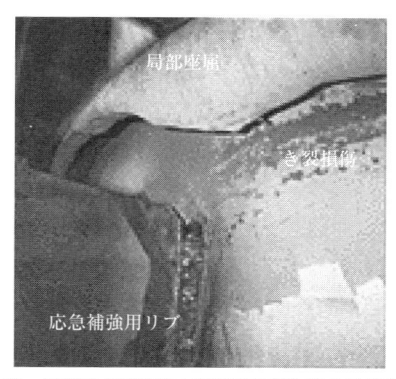

図 1.18 円形断面橋脚柱中間部断面変化部の局部座屈部

図 1.19 鋼製橋脚基部三角リブ溶接止端部に発生したき裂

て，それらの適用範囲を規定する必要がある．

後述するように，兵庫県南部地震以降，この観点から，各研究機関で活発な研究が行われてきている．図 1.17 は円形断面橋脚の局部座屈の状況を示す．橋脚の基部，板厚変化部，マンホール孔周辺など最弱部で生じる可能性がある．また，図 1.18 のように，円形断面の全周にわたって輪のようにはらみ出す，いわゆる，エレファントフット座屈が生じたケースもある．なかには，座屈部の数サイクルの繰返し曲げにより割れが生じた場合もある（c. 低サイクル疲労破壊）．このような円形断面橋脚についても，径厚

比パラメータなどの構造パラメータの影響に着目した多くの検討がなされており[5)～11)]，上記のような損傷を制御するための構造パラメータ範囲の提案[12),13)]などがなされている．

c. 低サイクル疲労破壊

低サイクル疲労破壊の例としては，上記の円形断面の局部座屈部での割れのほか，鋼製橋脚基部に設置された補強用三角リブ溶接止端部に沿って生じたき裂がある（図 1.19）．しかし，これは，そのき裂が起点となって脆性破壊へ移行して，周辺の複数の三角リブ溶接止端部がつながり，大きな割れへと拡大した．図には，応急処置のためのリブが見られる．

なお，先ほどの円形断面の局部座屈部での割れについては，圧縮予荷重によって発生した微小き裂[14)～21)]との見方もでき，割れが全周にわたっていることから最終的には脆性破壊に移行したものと考えられる．また，実際の地震による被害例ではないが，鋼製橋脚の静的な繰返し載荷実験では，低サイクル疲労き裂と見られるき裂が多く発生している．鋼製橋脚のハイブリッド実験では，低サイクル疲労き裂の発生の有無を確認するなど，耐震性能のひとつの評価項目となっている[22)～24)]．

d. 脆性破壊

兵庫県南部地震で発生した脆性破壊について，神戸ハーバーハイウェイ P75 橋脚隅角部に発生した事例を図 1.20 に示す．ノースリッジ地震（アメリカ）の際に，建築鉄骨構造物の柱-梁溶接接合部に発生した例があるが，鋼製橋脚ではかつて経験がな

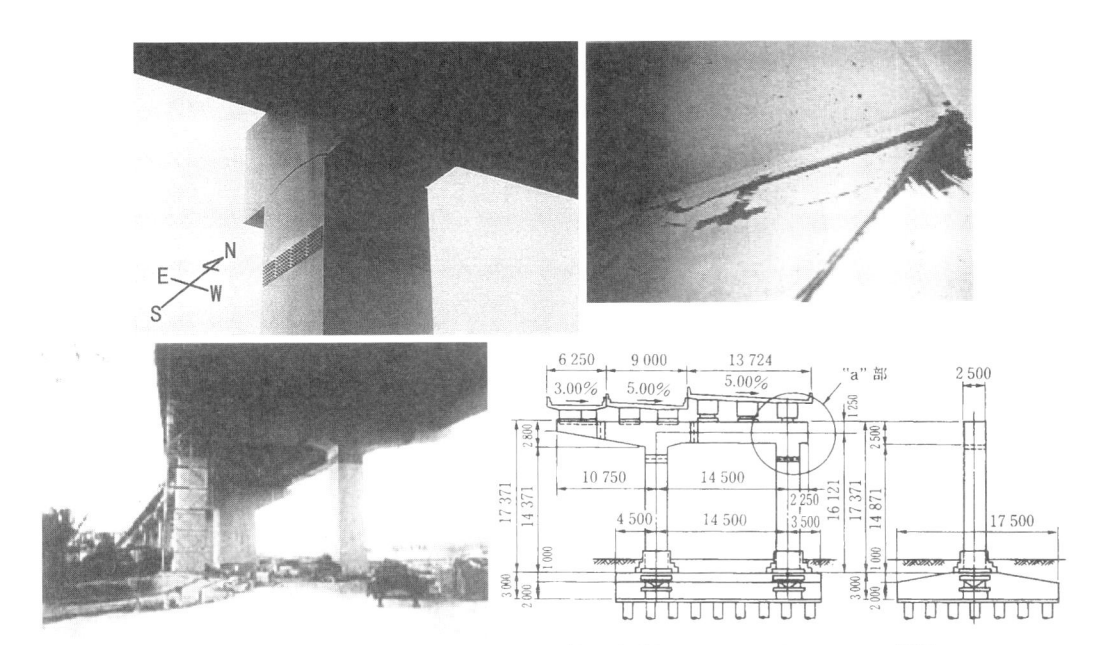

図 1.20 鋼製ラーメン橋脚隅角部に発生した脆性き裂（神戸ハーバーハイウェイ P75 橋脚）

図 1.21 鋳鉄鋼管柱に発生した脆性き裂

かった．この地震ではほかに，阪神高速道路神戸線の脇浜区で同様の脆性破壊の発生が報告されている．鉄道橋橋脚では，鋳造鋼を用いた柱と梁の接合部で脆性破壊が生じている（図 1.21）が，これは材料が著しく脆く一般的な鋼材の場合とは区別すべき特殊な事例であろう．

地震時の脆性破壊は，部材の大規模塑性変形を伴い，鋼材が大きな塑性ひずみ履歴を受けて発生したと見られ，従来考えられてきた交通荷重などの活荷重により発生する疲労き裂を起点とした比較的低応力下での脆性破壊とは特徴が異なり，起点となるき裂など，その支配的な要因については不明な点が多い．上記のように，低サイクル疲労き裂を起点として脆性破壊へ移行した例も初めて報告されている．

なお，最近，都市内高速道路を支える鋼製ラーメン橋脚の隅角部には，多くの疲労き裂が発見され問題となっている[25]が，兵庫県南部地震では，このような疲労き裂を起点として発生した脆性破壊は報告されていない．ただ，今後，大規模地震が発生した際に脆性破壊の防止対策を講じるうえで，脆性破壊の起点のひとつとして，疲労き裂は無視できないと考えるべきであろう．

## 1.2 既設鋼製橋脚の耐震性能の評価

### ▶ 1.2.1 鋼製橋脚の構造

鋼製橋脚は基部，柱部，横梁部および柱と横梁を

図1.22 鋼製橋脚（首都高速のランプ部）

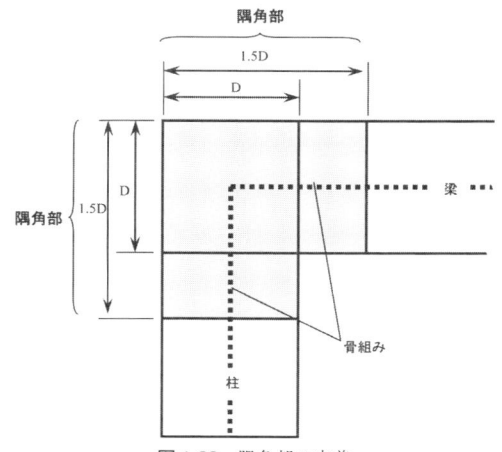

図1.23 隅角部の定義

連結する隅角部からなるラーメンフレームであり，各構成要素は補剛された板から構成される薄板構造である．このような鋼製橋脚は，主に都市中心部などスペースに制限がある場所や，ランプ部などに使用される（図1.22）．鋼製橋脚の形式は箱断面，円筒断面の2種類に大別され，それぞれ地震時に挙動が異なる．一般に，作用力に方向性がある場合には箱断面橋脚が，曲線橋のように方向性がない場合には円筒断面が使用される．鋼製橋脚は首都高速道路に2011基，阪神高速道路に1199基，旧日本道路公団の道路に705基，直轄国道に334基あり，まさに都市部に特徴的な道路構造物といえる．

設計ではラーメン構造として各部材の断面力を算出し，各部材の断面は軸方向力と曲げモーメントを受ける部材として応力の照査と座屈に対する安定の照査が行われる．すなわち，柱部材については全体座屈とともに補剛板としての局部座屈が照査の対象となる．隅角部については道路橋示方書では「横梁の断面力を柱に円滑に伝達できるように設計するものとする．なお，隅角部の設計は，フランジ力の伝達機構に留意し，応力集中の影響を評価して行うのがよい」とされている．

「隅角部の設計におけるフランジ力の伝達機構に留意」については，奥村らの提案[26]によるせん断遅れの影響を考慮した隅角部コーナーの応力算定式が首都高速道路および阪神高速道路で採用されており，道路橋の鋼製橋脚のほとんどでその応力算定に基づいて設計されている．ラーメン構造の部材の構成や断面の形状と規模にもよるが，この応力算定式によれば曲げ部材として算出される応力に比べて30〜50%程度高い応力が求められる．首都高速道路，阪神高速道路とも骨組みを基本として梁せい（$D$）の1.5倍の範囲を隅角部と定義し（図1.23），その範囲内では断面を同一にする，あるいは全ての溶接を完全溶込みとするなどの規定が設けられており，隅角部の範囲は構造的に余裕をもたせた設計となっている．

円筒断面の柱については補剛材を用いることなく局部座屈を避けるように設計されることが多い．そのために首都高速道路では，表1.1に示すような一般部と隅角部に分けて円筒の半径$R$と板厚$t$の比の制限を設けている．この制限により，円筒橋脚の隅角部については角柱の橋脚よりもさらに余裕のある設計になっている可能性がある．

既設の鋼製橋脚では死荷重と地震の影響の組合せ

表1.1 首都高速道路における半径板厚比（$R/t$）の制限値

| | 一般部 | | | | 隅角部 | | | |
|---|---|---|---|---|---|---|---|---|
| | SM41, SS41 | SM50 | SM50Y, SM53 | SM58 | SM41, SS41 | SM50 | SM50Y, SM53 | SM58 |
| 昭和40年の制限値 | 110 | 80 | — | 60 | 36 | 33 | — | 30 |
| 昭和44年の制限値 | 110 | 80 | 70 | 60 | 40 | | | |

1.2 既設鋼製橋脚の耐震性能の評価

で断面が決まっている場合が多い．また，地震の影響としては震度 0.2～0.3 G 程度の水平力である．したがって，上記のように設計されている既設の鋼製橋脚が兵庫県南部地震のような強い地震を受けたときに，どのような損傷を受けるか，また，どの程度の耐震性能を有するかはよくわからないのが実態である．

### ▶ 1.2.2　箱断面鋼製橋脚の地震時挙動[27]

地震時の既設鋼製橋脚の動的挙動を把握するため，FEM 弾塑性動的応答解析を実施する．一般的な形状・寸法を有する複数の実在の鋼製橋脚を対象

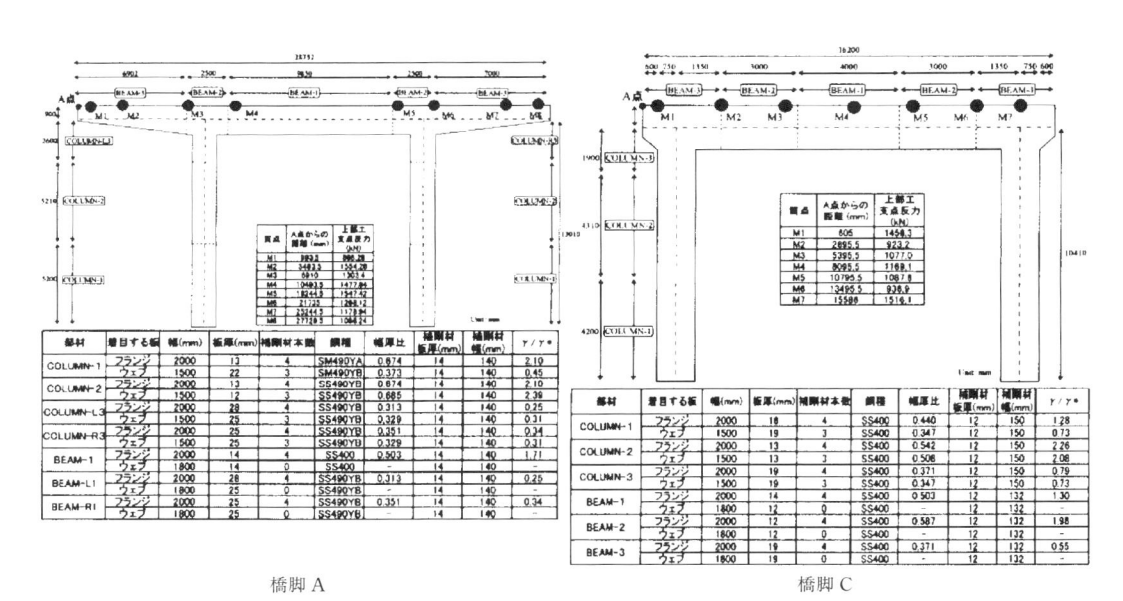

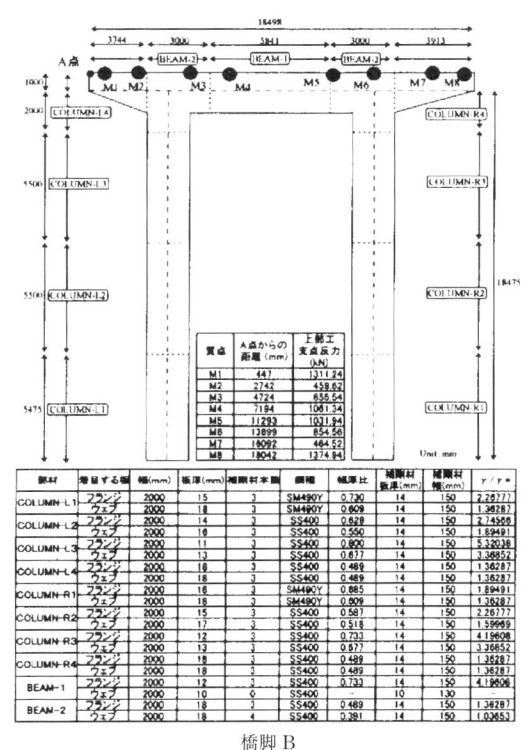

**図 1.24**　解析対象橋梁の一般図（箱断面柱）

として，それらの橋脚の全ての構成板をシェル要素によりモデル化した．鋼製橋脚は薄肉補剛断面により構成されるため，局部座屈を再現するためには，シェル要素によるモデル化が必要であるからである．本解析では，兵庫県南部地震において JR 鷹取駅および神戸海洋気象台で観測された加速度波形を用いた．以下に箱断面と円筒断面の橋脚についてそれぞれ検討した結果を示す．

図 1.24 に解析の対象とした箱断面柱を有する橋脚の一般図を示す．ここで解析の対象として使用したのは，門型ラーメン橋脚，π 型ラーメン橋脚の 2 種類計 3 橋脚である．解析対象橋梁は，実際に都市内高架橋を支えている実在橋脚のなかから，一般的な形状および寸法を有する橋脚を選定してある．これらの橋梁は，梁の張り出し長さおよび橋脚の高さの点で互いに異なる形状および寸法となっている．

有限要素解析に使用した有限要素モデルとして橋脚 C の例を図 1.25 に示す．ここでの解析では面内変

(a) フランジ，ウェブ　　(b) 補剛材，ダイヤフラム
**図 1.25** 解析モデル（橋脚 C）

形のみを対象としたため，対称条件から 1/2 モデルとなっている．橋脚のフランジ，ウェブ，補剛材，ダイヤフラムなどの全ての鋼材部材を 3 節点あるいは 4 節点のシェル要素によりモデル化しており，最小のメッシュサイズは板厚程度となっている．なお，この解析では，初期不整や柱内部へのコンクリート充填は考慮していない．上部工については，上部工の死荷重反力作用点に質量要素を設け，上部工死荷

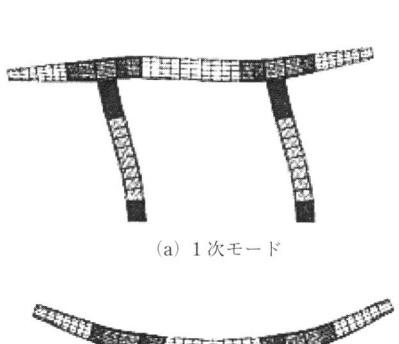

(a) 1 次モード　　(a) 1 次モード　　(a) 1 次モード

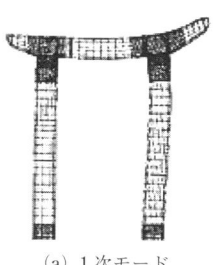

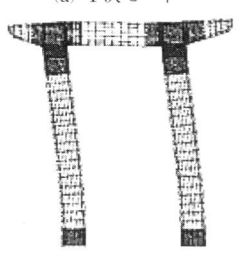

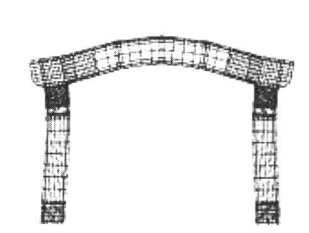

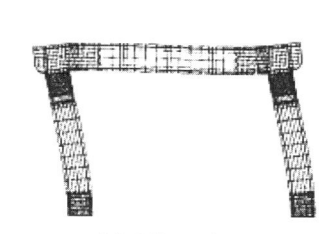

(b) 2 次モード　　(b) 2 次モード　　(b) 2 次モード
橋脚 A　　　　　橋脚 B　　　　　橋脚 C
**図 1.26** 固有振動モード

**表 1.2** 固有振動解析結果

| 橋脚 | 1 次 | | 2 次 | | $\alpha$ | $\beta$ ($\times 10^{-3}$) |
| | 固有周期 (sec) | 固有円振動数 $\omega_1$ (rad/sec) | 固有周期 (sec) | 固有円振動数 $\omega_2$ (rad/sec) | | |
|---|---|---|---|---|---|---|
| A | 0.768 | 8.181 | 0.326 | 19.273 | 0.2297 | 1.457 |
| B | 0.809 | 7.766 | 0.194 | 32.387 | 0.2506 | 0.9961 |
| C | 0.516 | 12.176 | 0.186 | 33.780 | 0.358 | 0.8704 |

(a) 3.915 sec   (b) 4.388 sec

(c) 5.873 sec   (d) 6.413 sec

ひずみ
4.20-02
3.92-02
3.64-02
3.36-02
3.08-02
2.80-02
2.52-02
2.24-02
1.96-02
1.68-02
1.40-02
1.12-02
8.40-03
5.60-03
2.80-03
9.31-09

梁中央水平変位の時刻歴

(e)

(a) 橋脚 A

梁中央点水平変位の時刻歴

変形・相当塑性ひずみ分布図

(b) 橋脚 B

梁中央点水平変位の時刻歴

変形・相当塑性ひずみ分布図

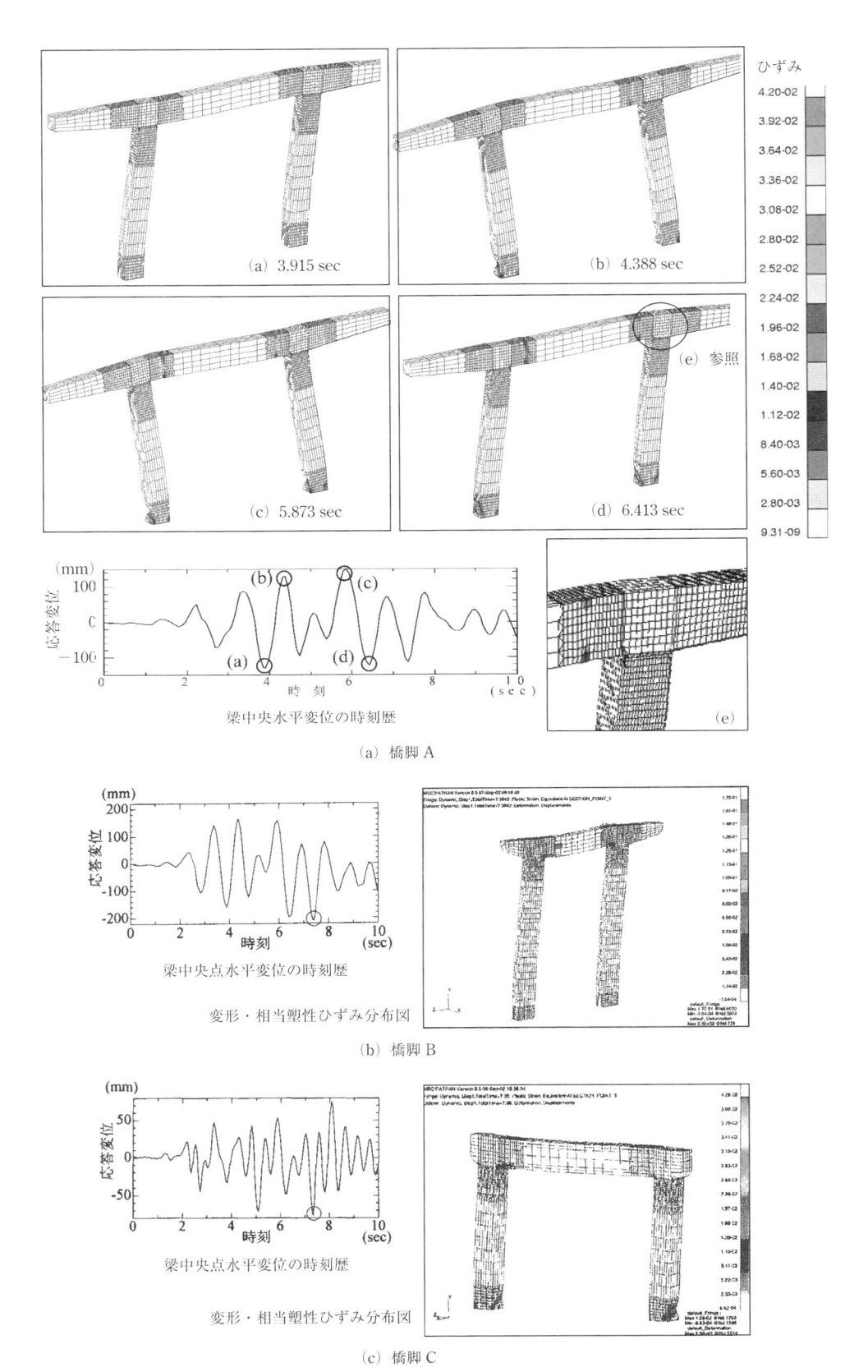

(c) 橋脚 C

図 1.27　各橋脚の水平方向変位と変形図および相当塑性ひずみ分布

1. 土木鋼構造物の耐震性

重反力分の質量を与えることで考慮されている．基部は完全固定である．

材料は SS400，SM490Y が使用されており，これらの構成則には，応力ひずみ関係から求めた多直線近似の移動硬化則に，繰返し硬化を加えた複合硬化則を使用している．

動的解析は直接積分法によっており，減衰は形状減衰として与えられている．減衰マトリックス $[C]$ は，式（1.1）に示すように質量マトリックス $[M]$ と剛性マトリックス $[K]$ の線形和として与えられ，その係数は減衰定数（$h_1$, $h_2$）と固有振動解析から得られた 1 次と 2 次の固有角振動数（$\omega_1$, $\omega_2$）から式（1.2）により算出される．ここで，減衰定数は，通常鋼構造物に用いられる 2% を統一的に使用している．

$$[C] = \alpha[M] + \beta[K] \quad (1.1)$$

$$\alpha = \frac{2\omega_1\omega_2(h_1\omega_2 - h_2\omega_1)}{\omega_2^2 - \omega_1^2},\ \beta = \frac{2(h_2\omega_2 - h_1\omega_1)}{\omega_2^2 - \omega_1^2} \quad (1.2)$$

図 1.26 は固有振動解析により得られた各橋脚の固有振動モードである．また同時に求まった固有振動数と形状減衰のパラメータ $\alpha$, $\beta$ が表 1.2 に示されている．この値を用いて応答解析が行われている．

図 1.27 は，橋脚 A，B，および C の FEM 解析の結果の例を示している．図には，梁スパン中央上面の点における変位履歴と，その変位履歴の代表的な時点における変形・相当塑性ひずみ分布図を示す．基部のほか，隅角部に近い梁部の 2 ヵ所において局部座屈に伴う大きな塑性ひずみの発生が認められる．実際には，その箇所は隅角の範囲と横梁としての断面との境界位置であり，板厚が急激に変化する部分である．これは，隅角部がせん断遅れを考慮した局部的なピーク応力を用いた弾性設計であるために，板厚が周りに比べて大きくなっていることが原因である．それに起因して，隅角部にはコーナーの一部に塑性ひずみが生じるが，隅角部全体としては弾性的に挙動する．すなわち，いわゆる梁と柱の交差部（隅角部）シアーパネルに塑性変形が生じるような可能性はない．

図 1.28 は，各橋梁の相当塑性ひずみの時刻歴を示したものであるが，全ての橋梁において高い塑性ひずみが隅角部の角部もしくは梁の断面変化部のいずれかで発生している．隅角部の角部に注目すると，局部的に塑性ひずみが発生しており，低サイクル疲労や脆性破壊の発生の可能性があることを示している．

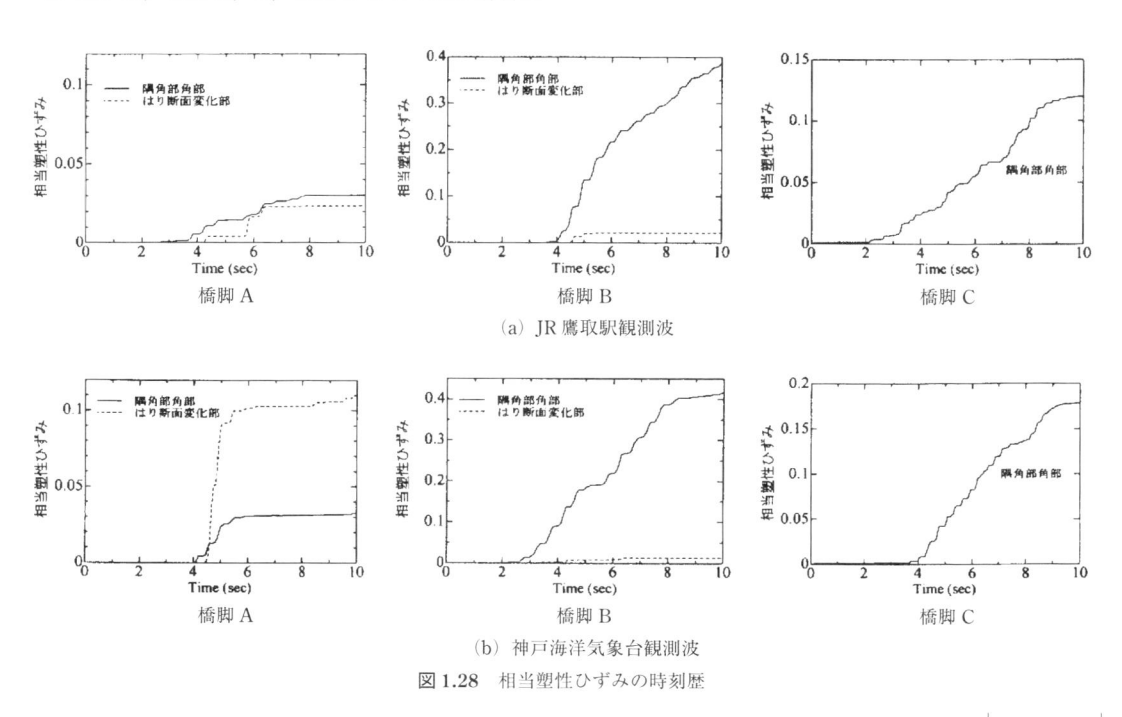

| 橋脚 A | 橋脚 B | 橋脚 C |

(a) JR 鷹取駅観測波

| 橋脚 A | 橋脚 B | 橋脚 C |

(b) 神戸海洋気象台観測波

図 1.28　相当塑性ひずみの時刻歴

(a) 橋脚 D

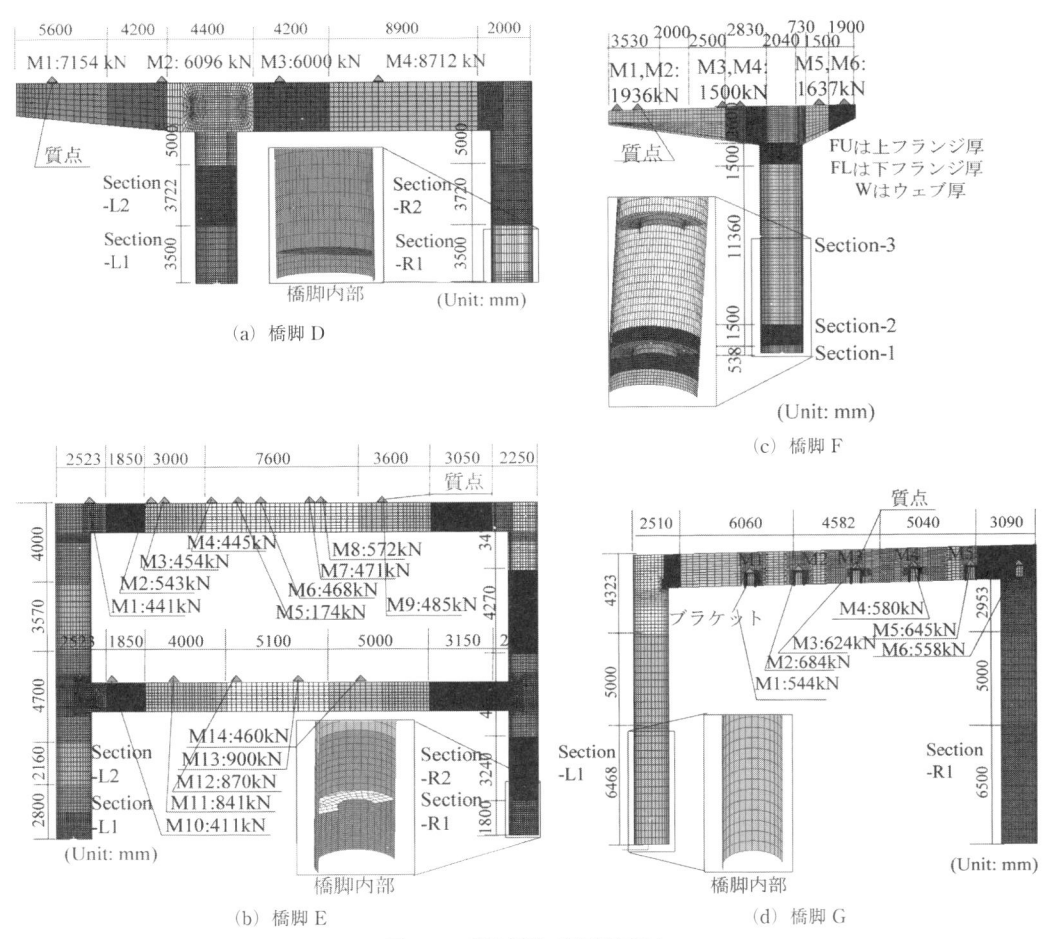

(b) 橋脚 E

(c) 橋脚 F

(d) 橋脚 G

図 1.29 対象橋脚（円形断面柱）

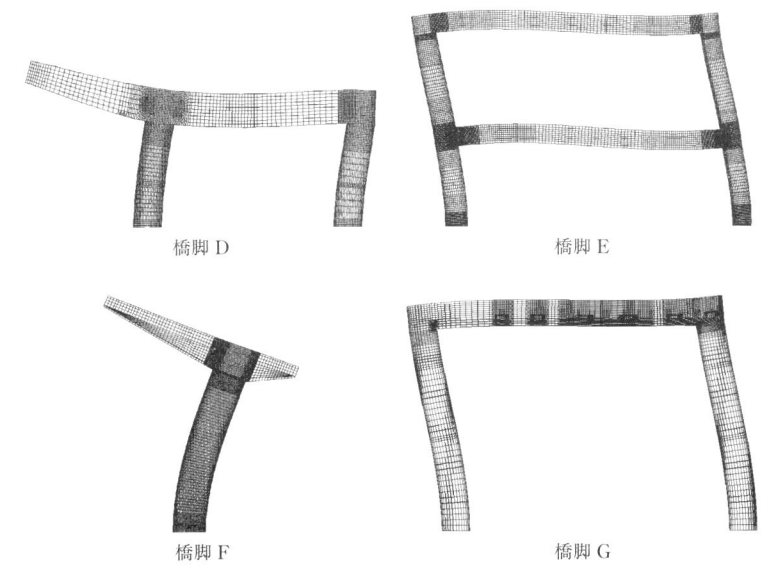

橋脚 D

橋脚 E

橋脚 F

橋脚 G

図 1.30 円形断面橋脚の固有振動モード（1 次モード）

1. 土木鋼構造物の耐震性

## ▶ 1.2.3　円形断面鋼製橋脚の地震時挙動[28]

図 1.29 に円形断面柱を有する鋼製橋脚の解析対象とした橋脚の詳細とその FEM モデルを示している．ここでは，4 種類のラーメン橋脚を対象とした．これらの橋脚は，実在の橋脚のなかから，一般的な隅角部の形状を網羅できるように選定した．解析モデルはシェル要素によりモデル化され，最小のメッシュサイズは箱断面と同様に板厚程度である．材料の構成則も同様に多直線近似の複合硬化則を使用している．

この解析においても，箱断面橋脚と同様に形状減衰を考慮した直接積分法により動的応答解析を行っ

表 1.3　首都高円形断面橋脚の固有振動解析結果

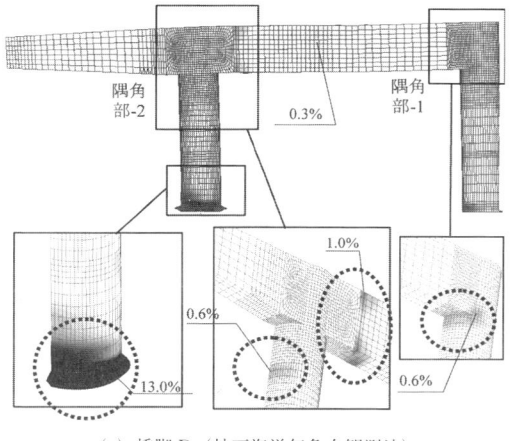

| 橋脚形式 | 固有振動数 | | | | 固有周期（秒） | | | | 固有角振動数 | |
|---|---|---|---|---|---|---|---|---|---|---|
| | 1次 | 2次 | 3次 | 4次 | 1次 | 2次 | 3次 | 4次 | $\omega_1$ | $\omega_2$ |
| 橋脚 D | 1.66 | 2.44 | 4.19 | 8.57 | 0.602 | 0.410 | 0.239 | 0.117 | 10.4 | 15.3 |
| 橋脚 E | 1.72 | 3.20 | 3.66 | 6.26 | 0.581 | 0.313 | 0.273 | 0.160 | 10.8 | 20.1 |
| 橋脚 F | 0.827 | 2.45 | — | — | 1.209 | 0.408 | — | — | 5.2 | 15.4 |
| 橋脚 G | 1.84 | 4.55 | 11.68 | 17.19 | 0.543 | 0.220 | 0.086 | 0.058 | 11.6 | 28.6 |

(a) 橋脚 D（神戸海洋気象台観測波）

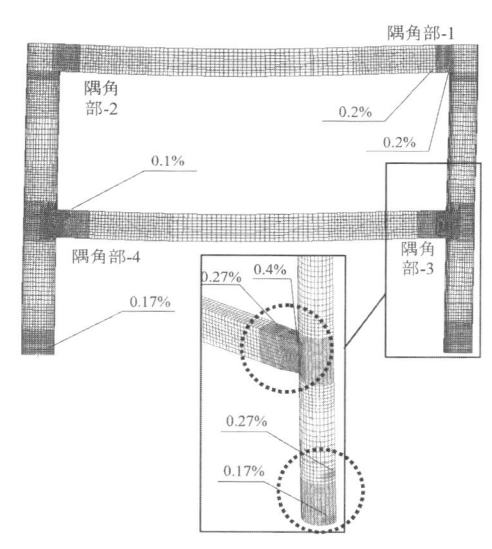

(b) 橋脚 E（神戸海洋気象台観測波）

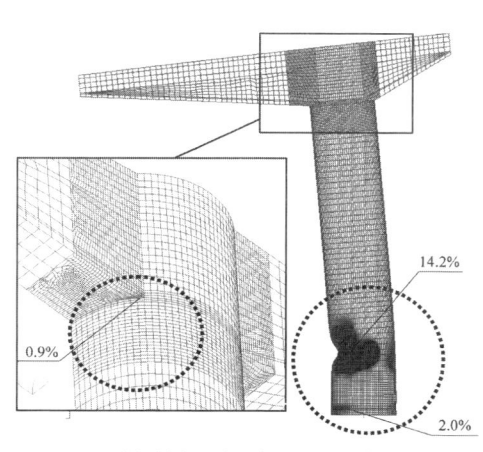

(c) 橋脚 F（JR 鷹取駅観測波）

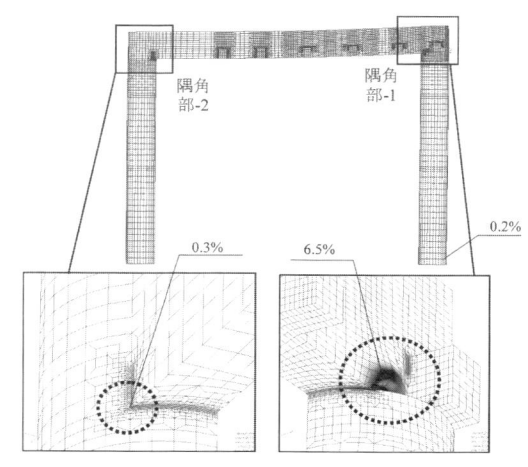

(d) 橋脚 G（JR 鷹取駅観測波）

図 1.31　円形断面橋脚の動的応答解析結果

ている．減衰のパラメータを求めるために実施した固有振動解析から得られた振動モードの内，1次モードを図 1.30 に示す．また，求められた固有振動数を表 1.3 に示す．

図 1.31 は，橋脚 D～G の FEM 解析結果を示している．図には，梁スパン中央上面の点における変位履歴と，その解析終了時における変形・塑性ひずみ分布図を示す．基部のほか，隅角部に近い梁部の 2 ヵ所において大きな塑性ひずみの発生が認められる．この塑性ひずみ発生箇所は，矩形断面柱と同様に隅角部と横梁一般部との境界部であり，板厚が急激に変化している．この塑性変形によりエネルギーが吸収されることから，隅角部の柱部材には塑性変形が生じていないことがわかる．円形断面柱を有する鋼製橋脚においては，隅角部の柱部分の板厚が非常に大きいことから，隅角部のコーナーの横梁側に局部的に塑性ひずみが発生しているものの，箱断面柱のものよりも比較的程度が低い．

## 1.3 地震時脆性破壊の要因とそのシナリオ

### ▶ 1.3.1 地震時脆性破壊の要因

これまでの兵庫県南部地震での被害調査[1],[29]-[32]から，鋼製橋脚における地震時脆性破壊発生の主要因は，地震時の塑性ひずみ履歴による鋼材の靭性劣化であると考えられる．したがって，鋼製橋脚における地震時脆性破壊防止のためには，基本的には，構造的に塑性ひずみを低減することと，材料的な対策として塑性ひずみを受けた後も十分な破壊靭性を有している鋼材を適用することが必要となると考えられる．

鋼材特性面から，塑性ひずみを受けた後も十分な破壊靭性を有している鋼材を適用するという対策を考える際には，塑性ひずみの履歴の種類やひずみレベルによって鋼材の靭性劣化の程度は異なることからどのような塑性ひずみ履歴を考慮すべきか，それによってどの程度鋼材は劣化すると想定すればよいのかということを決定して，どの程度の破壊靭性レベルであれば脆性破壊を防止できるのか定義する必要がある．しかしながら，そのためには，鋼製橋脚にどのようなき裂が発生し得るのか，また，脆性破壊の起点となり得るき裂の種類とそのき裂先端形状などの特徴を明確にし，それぞれのき裂の種類に対して，脆性破壊の発生挙動を評価するための発生シナリオを設定することが重要である．

以下，鋼製橋脚における地震時のひずみ履歴特性をまとめるとともに，鋼製橋脚に発生し地震時に脆性破壊の起点となり得るき裂について，既往のき裂損傷に関する研究成果をもとに，タイプ分けし，その特徴を述べることとする．最後にそれをもとに，脆性破壊の発生シナリオを示す．

なお，脆性破壊防止には，構造的な対策により，起点となるき裂そのものの発生を防止するという考え方も重要であるが，低サイクル疲労について，先に述べたように，基本的にはいずれの対応策も限界があり，鋼材靭性面から対応する必要があると考えられる．

### ▶ 1.3.2 鋼製橋脚におけるひずみ履歴の特徴

鋼製橋脚における地震時脆性破壊の発生には，地震時に鋼材が塑性ひずみを受けてどの程度脆化しているのかが支配的な影響を有している．その際，鋼材がどの程度脆化したのかを知るためには，鋼材がどのような塑性ひずみ履歴を受ける可能性があるのかを想定しなければならない．これまでの実験[33]-[35]および解析[9],[36]-[38]により，鋼製橋脚における塑性ひずみ履歴の特徴として，引張りあるいは圧縮の一方へ偏ってその領域で変動する，いわゆる片振りひずみ履歴となる傾向があることが明らかにされている．また，ひずみレベルとしては，その最大耐力時に 5% 以下程度，最大耐力を超えその 95% に低下した時点で 10% 以下程度に達する可能性があることが明らかになっている．

### ▶ 1.3.3 起点となるき裂

ここでは，兵庫県南部地震における脆性破壊被害の原因調査[1],[29]-[32]のほか，き裂損傷に関する既往の研究[14],[19]-[21],[25],[39]-[44]を調査し，その結果から，鋼製橋脚に発生し脆性破壊の起点となる可能性のあるき裂として，以下の 3 つのタイプのき裂を考慮することとした．

表 1.4 起点となるき裂のタイプとその特徴

| タイプ | 発生要因 | き裂長さのオーダー (mm) | き裂先端形状 | 鋼製橋脚で発生する可能性のある部位* | | |
|---|---|---|---|---|---|---|
| | | | | ラーメン橋脚隅角部角部 | 基部，断面変化部（局部座屈部） | 基部（溶接継手部） |
| 1 | 繰返し塑性ひずみ履歴 | 10 | ひずみ履歴に応じ変動 | ◎ | ◎ | ◎ |
| 2 | 交通荷重などの活荷重 | 10 | 鋭い | ○ | | ○ |
| 3 | 圧縮塑性ひずみ | 0.1 | 鋭い | ○ | ◎ | ○ |

*◎：兵庫県南部地震で実際に脆性破壊の起点となったと推測されるもの，○：き裂の特徴から発生の可能性が考えられるもの．

タイプ1：地震時に受ける塑性ひずみ履歴により発生する低サイクル疲労き裂[41)-44)]

タイプ2：地震以前に交通荷重などの活荷重により発生していた疲労き裂[25),40)]

タイプ3：地震時に圧縮塑性ひずみを受けて発生する微小なき裂[14),19)-21),39)]

以下および表1.4に，各き裂タイプの特徴を述べる．

#### a. タイプ1のき裂

鋼製橋脚に地震時に発生する10回以下の繰返し塑性ひずみにより，ひずみ集中部で発生する可能性があり，兵庫県南部地震では，円形断面橋脚の局部座屈部や橋脚基部の補強用三角リブ溶接止端部で発生した[1),3)]ほか，鋼製橋脚のハイブリッド実験では，三角リブの設置していない鋼製橋脚基部でも発生している[22)]．また，ラーメン橋脚隅角部角部にも発生する可能性があり，脆性破壊の起点となり得ることが示されている[41)]．

低サイクル疲労き裂は，上記タイプ2およびタイプ3とは異なり，その発生・進展において，塑性ひずみを繰り返し受けていることから，き裂先端が塑性変形により鈍くなっている可能性がある．また，繰返しひずみのなかで，き裂先端形状は時々刻々変化している可能性もある．このようなき裂先端形状の変化は，脆性破壊に支配的な影響を与えると考えられるうえ，タイプ2とタイプ3のように，比較的鋭い先端を有するき裂には，従来の破壊力学的な脆性破壊評価がそのまま適用可能と考えられるが，タイプ3のき裂については，き裂の先端形状の変化や鈍いき裂からの脆性破壊の発生挙動の評価について，基礎的な研究を行って特徴を把握する必要があると考えられる．これまで，低サイクル疲労き裂を起点とする脆性破壊については，兵庫県南部地震以前には，実被害例がなかったこともあり鋼材特性面からの検討例がほとんどない．

なお，建築鉄骨構造物の柱-梁接合部では延性き裂を起点として脆性破壊が発生したとされ[45)]，延性き裂と低サイクル疲労き裂は破面状況が異なっているとして区別できるとの指摘[46)]もあるが，ここでは，延性き裂と低サイクル疲労き裂を特に区別しない．

#### b. タイプ2のき裂

最近，定期点検のなかで，鋼製ラーメン橋脚隅角部には多数の疲労き裂が発見され，火急の対策が求められており，応急的な処置も行われている[25)]．従来は，鋼製橋脚にはこのような疲労き裂の発生は想定されておらず，疲労設計も行われていなかったことから，原因究明が急がれている．これらの疲労き裂は，100 mm以上のオーダーと大きい場合もあり，通常供用時にも脆性破壊の発生が懸念されるうえ，兵庫県南部地震では発生が報告されていないものの，地震時には，大きな塑性ひずみが作用し，鋼材の靱性劣化の可能性があるなど脆性破壊の起点となる可能性がある．また，先に述べた隅角部溶接部の不溶着部については，活荷重による疲労き裂の発生要因ともなっている[40)]．ただし，新設構造物では，完全溶込み溶接とするのが前提であるため不溶着部では考慮しない．なお，このタイプのき裂は，地震以前から鋼製橋脚に存在するものと考えられる．

#### c. タイプ3のき裂

船舶分野での海難座礁事故で船体に座屈が生じた場合に多くの割れが生じやすいとされ，座屈部の圧縮塑性ひずみを受ける部分を対象に研究[14),19)-21),39),47)]がなされた．その結果，圧縮塑性ひずみを受けることにより，0.1 mmオーダーの微小なき裂が発生し，それが割れの起点となっていることが示され

ている．また，その微小なき裂は，擬似脆性破面[13])を呈しており，きわめて鋭いき裂であることが示されている．鋼板の曲げ載荷実験では，局部座屈を模した曲げ変形をさせた後，除荷しただけで脆性破壊が生じる場合があることが確かめられている[19),20)]．

鋼製鋼脚では，大規模地震時には，局部座屈部のみならず，隅角部角部，基部においても圧縮の塑性ひずみが発生する可能性がある．すなわち，脆性破壊の懸念される橋脚部位では，いずれも，このタイプのき裂が発生する可能性がある．このき裂は，地震時以前には存在せず，地震時の1回の圧縮塑性ひずみで発生するものと考えられる．このタイプのき裂を防止する方法は，著しい局部座屈変形を防止するなど，構造的な対策により，圧縮塑性ひずみの大きさを低減させることであるが，必ずしも容易ではない．

以上のような3つのタイプのき裂を，ここでは，鋼製橋脚における地震時脆性破壊の起点となり得ると考え考慮する．そのうち，タイプ2およびタイプ3については，き裂先端が比較的鋭く，従来の破壊力学的な脆性破壊の評価が可能と考えられる．この場合には，き裂先端形状の影響よりも，ひずみ履歴による鋼材靭性劣化の程度を把握することが，脆性破壊防止の観点からは重要であり，どのようなひずみ履歴を想定するべきかに着目し，脆性破壊への移行過程のシナリオを考える必要がある．一方，タイプ1については，ひずみ履歴とともにき裂先端の形状が変化し，場合によっては鈍くなっている可能性があるなど，き裂先端形状が不明瞭であるため，その特徴を把握したうえで，どのような過程で脆性破壊へ移行するのかという発生シナリオを考慮し，その脆性破壊の評価に関する基礎的研究を行う必要がある．

なお，ここでは，き裂先端の開口変位に着目し，それが鋼材のミクロ組織のサイズに満たないオーダー（1/1000 mm オーダー）にある場合，そのき裂を鋭いき裂，それ以上のオーダーの場合には，鈍いき裂と区別して呼び分けることとする．

タイプ1については，いまだ解明されていない不明な点も多いが，タイプ2とタイプ3のき裂に比べて脆性破壊への移行の可能性が低いとの指摘もあることから，ここでは，主に，タイプ2とタイプ3のき裂を対象とし，脆性破壊への移行過程でどのような塑性ひずみ履歴を考慮すべきかという観点から，脆性破壊の発生シナリオについて検討する．

### ▶ 1.3.4 脆性破壊のシナリオ

ここでは，タイプ2およびタイプ3のき裂を対象として考え，鋼製橋脚におけるひずみ履歴特性を踏まえて，鋼材の靭性劣化を評価する際に考慮すべきひずみ履歴パターンを考えるため，鋼製橋脚における脆性破壊発生のシナリオを設定する．図1.32は，シナリオを説明するために，鋼製ラーメン橋脚隅角部を例にとり模式的に表したものである．

#### a．タイプ2のき裂を起点とする場合

以下のような，2つのシナリオが考えられる．ひとつは，図1.32（a）に示すように，最初の引張ひずみで脆性破壊が発生する場合（シナリオⅠ）であり，この場合は，塑性ひずみ履歴による破壊靭性劣化ではなく，鋼素材そのものの破壊靭性が問題となる．もうひとつは，図1.32（b）に示すように，最初に圧縮ひずみを受けて，その後の引張ひずみにより脆性破壊が発生する場合（シナリオⅡ）である．この場合には，最初の圧縮ひずみを鋼材の受ける塑性ひずみ履歴として考える．

#### b．タイプ3のき裂を起点とする場合

タイプ3のき裂を起点とする場合についても，2つのシナリオを考える．ひとつは，図1.32（c）に示すように，最初に圧縮塑性ひずみを受け，微視的に塑性変形に伴ったすべり面が形成されることにより，き裂が発生し，その後の引張ひずみにより脆性破壊が発生する場合（シナリオⅢ）であり，この場合は，最初の圧縮ひずみを，鋼材が受けた塑性ひずみ履歴と考える．もうひとつは，図1.32（d）に示すように，最初に引張塑性ひずみを受け，その後の圧縮塑性ひずみを受けた際に，き裂が生じ，その後の引張ひずみで脆性破壊が発生する場合（シナリオⅣ）である．この場合には，引張りから圧縮という繰返しの塑性ひずみ履歴を受けることになる．

以上に示した塑性ひずみ履歴を，鋼製橋脚における地震時脆性破壊の発生において考慮すべき履歴パターンとして考えることとする．また，対象とする

(a) シナリオⅠ
①引張ひずみ

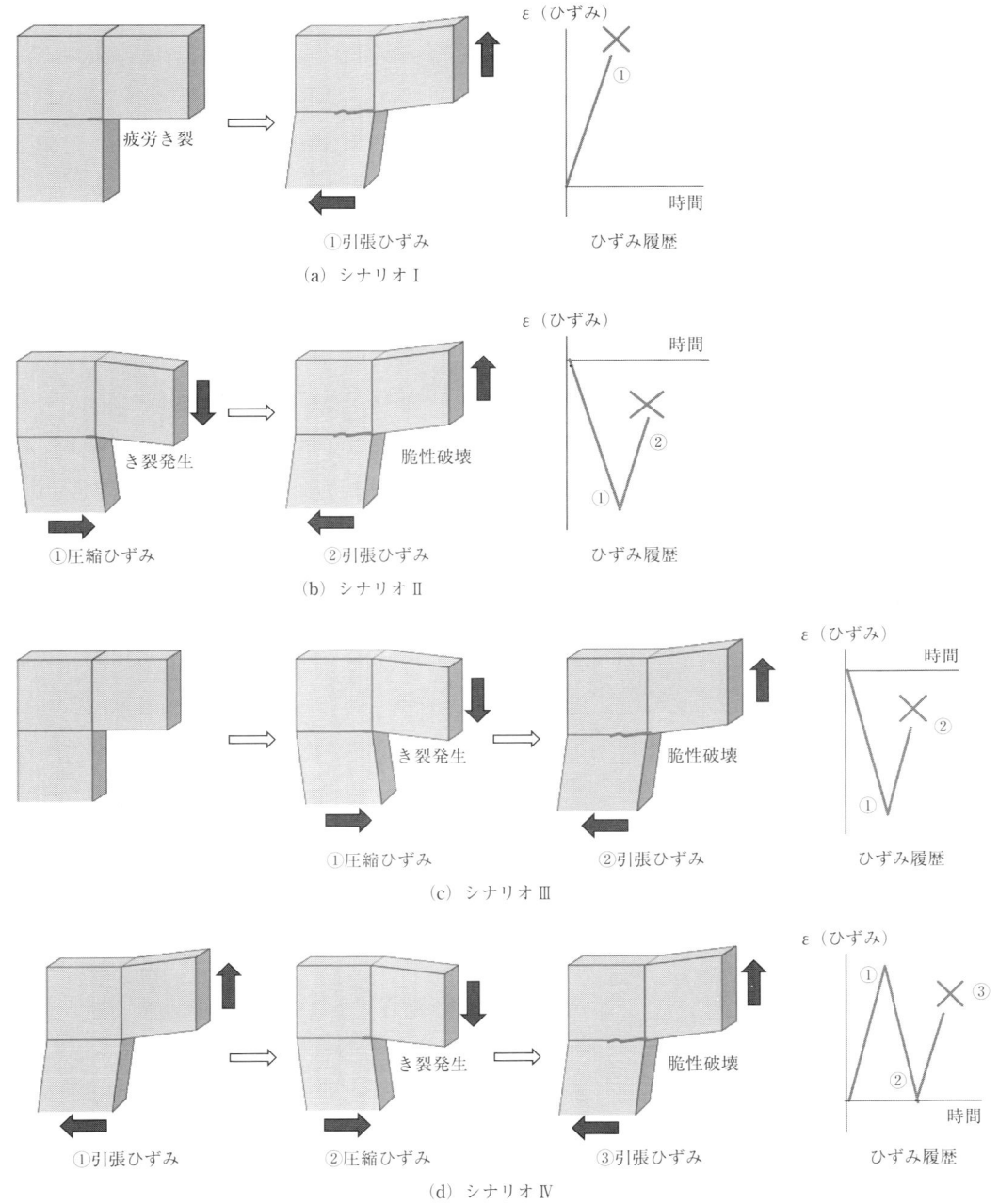

(b) シナリオⅡ
①圧縮ひずみ　②引張ひずみ

(c) シナリオⅢ
①圧縮ひずみ　②引張ひずみ

(d) シナリオⅣ
①引張ひずみ　②圧縮ひずみ　③引張ひずみ

図 1.32　脆性破壊の発生シナリオ

塑性ひずみレベルとしては，材料特性の変化から，兵庫県南部地震で被災した橋脚には，10％以上の塑性ひずみが導入されたと考えられること[29),32)] などから，10％をベースに考える必要がある．

## 1.4 鋼製橋脚における地震時脆性破壊防止に必要な鋼材の破壊靭性レベル

ここでは，鋼製橋脚における地震時脆性破壊を防止するために必要な鋼材の破壊靭性について，以上のことを踏まえて，鋭い先端を有すると考えられるき裂（タイプ 2，タイプ 3）を起点として考えること

とし，地震時に作用する塑性ひずみ履歴によってどの程度の鋼材の靭性劣化を想定すべきかという観点から検討した成果について述べる．ここでは，1.3節で示した脆性破壊発生のシナリオを想定することにより，考慮すべきひずみ履歴パターンを示したうえで，それらによる鋼材の破壊靭性への影響を明らかにするために，鋼材へのひずみ履歴導入後，CTOD (Crack Tip Opening Displacement，き裂開口変位) 試験を実施した結果を示す．その実験結果および以前の研究成果[2]を総括して，鋼製橋脚における地震時脆性破壊防止に必要な鋼材の破壊靭性の提案を行う．

▶ 1.4.1　考慮すべきひずみ履歴

1.3節で脆性破壊発生のシナリオのなかに示した塑性ひずみ履歴を，鋼製橋脚における地震時脆性破壊の発生において考慮すべき履歴パターンとして考えることとする．対象とする塑性ひずみレベルとしては，材料特性の変化から，兵庫県南部地震で被災した橋脚には10%以上の塑性ひずみが導入されたと考えられること[29),32)]，さらに実験的検討から，その最大耐力時に5%以下程度，最大耐力を超えその95%に低下した時点で10%以下程度に達する可能性があることが明らかになっていることから，10%を基本とし，ひずみレベル低減の効果を比較検討するため，5%の場合を含めて考えることとする．なお，実験の対象としては，上記の考慮すべきひずみ履歴のほか，比較のために，その逆の履歴のものを含めて，表1.5に示す様々なパターンのひずみ履歴を考慮する．

▶ 1.4.2　実験方法

実験においては，対象鋼材として，鋼製橋脚に一般的に使用される溶接構造用鋼材SM490YB材およびSM570Q材の2種類を選定した．その化学成分および機械的性質のミルシート値をそれぞれ表1.6, 1.7に示す．

試験片への塑性ひずみ導入実験では，圧縮方向へのひずみ導入時の座屈防止が最大の課題であった．これまで，単調圧縮ひずみの導入については，文献48) でも試みられているが，本研究で対象とするような，引張ひずみを受けた後の圧縮方向へといった繰返し大ひずみの導入はきわめて困難であった．そこで，以下のようないくつかの工夫を施した新たなひずみ導入方法を創出し，試験片へのひずみ導入を実施した．まず，できる限り小さいチャック変位でひずみが導入できるように，CTOD試験片が1体採

表1.5　対象とする塑性ひずみ履歴パターン

| パターン呼称 | ひずみ履歴 | 備考 |
|---|---|---|
| AP0，BP0 | 0% | 予ひずみなし |
| AP1，BP1 | +10% | 単調引張予ひずみ (10%) |
| AP2，BP2 | -10% | 単調圧縮予ひずみ (10%) |
| AP3，BP3 | +10% | 引張ひずみ域での繰返しひずみ (10%) |
| AP4，BP4 | -10% | 圧縮ひずみ域での繰返しひずみ (10%) |
| AP5，BP5 | -5% | 単調圧縮予ひずみ (5%) |
| AP6，BP6 | +5% | 引張域ひずみでの繰返しひずみ (5%) |

呼称の頭文字は，鋼種を表す (A：SM490YB，B：SM570Q)．

表1.7　溶接構造用鋼材の機械的性質

| 鋼材 | 降伏点 (MPa) | 引張強度 (MPa) | 伸び (%) | シャルピー吸収エネルギー (J) |
|---|---|---|---|---|
| SM490YB | 407 | 547 | 26 | 154 (0℃) |
| SM570Q | 560 | 651 | 39 | 299 (-5℃) |

表1.6　溶接構造用鋼材の化学成分

| 鋼材 | C | Si | Mn | P | S | Cu | Ni | Cr | V |
|---|---|---|---|---|---|---|---|---|---|
| SM490YB | 0.14 | 0.46 | 1.56 | 0.02 | 0.005 | 0.01 | 0.01 | 0.02 | 0.04 |
| SM570Q | 0.14 | 0.23 | 0.012 | 0.005 | 0.005 | — | — | — | — |

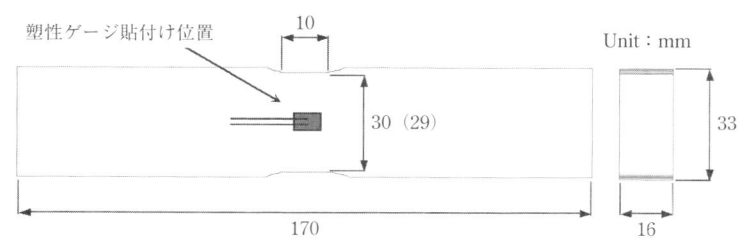

図 1.33 塑性ひずみ導入用試験片
括弧内の数値は SM570Q 材.

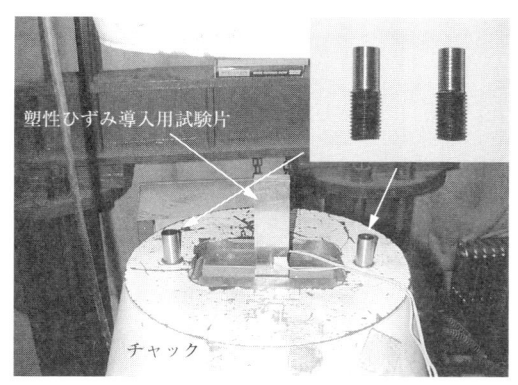

図 1.34 チャックずれ防止用治具

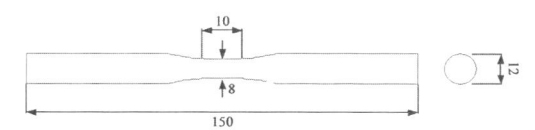

(a) CTOD 試験片

(b) 丸棒試験片

図 1.35 試験片採取位置

図 1.36 丸棒試験片の形状および寸法

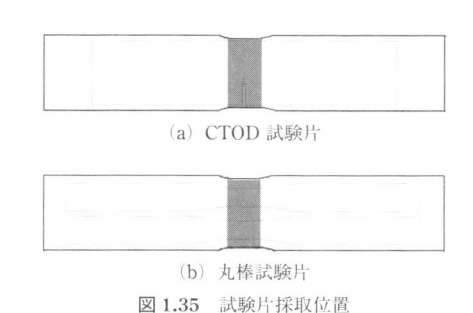

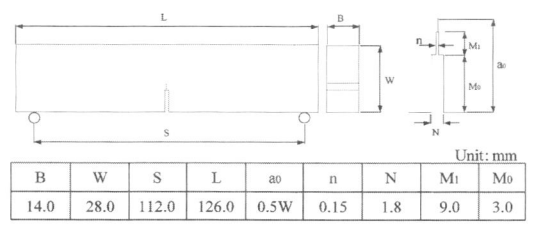

| B | W | S | L | a0 | n | N | M1 | M0 |
|---|---|---|---|----|---|---|----|----|
| 14.0 | 28.0 | 112.0 | 126.0 | 0.5W | 0.15 | 1.8 | 9.0 | 3.0 |

図 1.37 CTOD 試験片の形状および寸法

取できる最小限の大きさで，中央部にひずみが集中して発生するような，図 1.33 に示す形状寸法を有する塑性ひずみ履歴導入用試験片を用意した．

また，チャック間の軸直角方向へのずれが座屈発生のひとつの要因であったことから，そのずれを抑えるための図 1.34 に示すような自作の治具を取り付けた．これは，チャック双方の同じ位置に存在する，チャックどうしの心を合わせるためのボルト穴に突き刺すかたちで設置することにより，高い精度でチャック間の相対ずれを防止できる治具である．さらに，両方のつかみ部の距離が長いと座屈が発生しやすくなるため，その距離を極力小さくするように配慮した．以上のような工夫により座屈防止を実現した．

実験は，図 1.33 に示すように試験片中央の表裏に貼り付けた単軸塑性ひずみゲージ（ゲージ長 2 mm）の値を見ながら，両面のひずみが目標の大きさに

なった時点を終了とした．なお，その際，繰返しひずみのパターン（AP3，AP4，AP6，BP3，BP4，BP6）については，最初の一方向へのひずみ導入後，ひずみゲージを張り替えたうえで計測を継続し，0％までひずみを戻した．

ひずみ導入後，試験片から CTOD 試験片および引張試験用の丸棒試験片を図 1.35 のような位置から採取した．塑性ひずみ履歴を受けた鋼材の強度特性の変化を調べるために，ひずみ導入試験片から採取した丸棒試験片を用いて引張試験を行った．丸棒試験片の形状および寸法を図 1.36 に示す．CTOD 試験は，日本溶接協会規格のき裂開口変位試験[49]に従い 3 点曲げ試験により実施した．CTOD 試験片の形状および寸法を図 1.37 に示す．

(a) SM490YB 材    (b) SM570Q 材

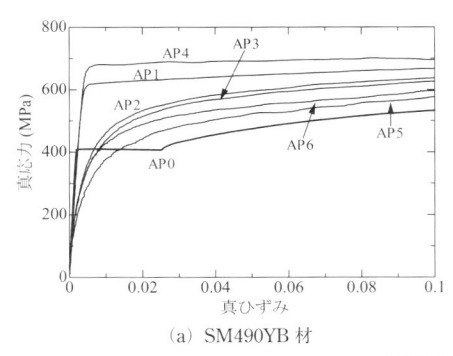

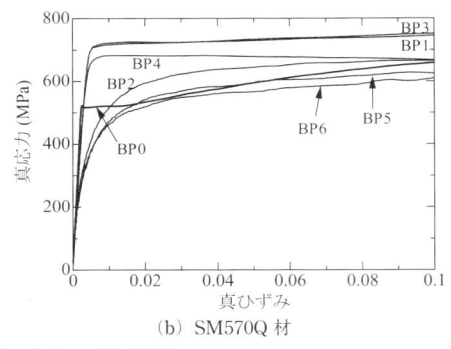

図1.38 引張試験より得た応力-ひずみ関係

### ▶ 1.4.3 実験結果

#### a. 引張試験結果

図1.38に引張試験の結果得られた応力-ひずみ関係を示す．図からわかるように，両鋼種とも塑性ひずみ履歴を受けることにより，応力-ひずみ関係，降伏応力および引張強度が変化している．表1.8に，引張試験の結果をまとめる．表からわかるように，塑性ひずみ履歴を受けて，降伏強度および引張強度のほか，破断延性も変化しており，素材に比べ低下している．後述の限界CTOD値の算出の際に，このような塑性ひずみ履歴による降伏応力の変化を考慮することとした．

#### b. CTOD試験結果

実験の結果得られた限界CTOD曲線を図1.39に示す．試験結果の横に付けた矢印は，クリップゲージで測定したき裂開口変位が4mmを超えても，脆性破壊が発生しなかったことを表す．また，表1.8には，鋼材の破壊靭性劣化の程度を定量的に表現するひとつの指標として，限界CTOD曲線の高温側へのシフト量を考え，文献45)同様に，限界CTOD値0.1mmでの温度シフト$\Delta T_{0.1}$を示した．図1.40には，横軸に鋼材へ導入したひずみレベル，縦軸に$\Delta T_{0.1}$をとり，その関係を表した．なお，図1.40では，10%レベルおよび5%レベルで繰り返した場合も，それぞれ10%および5%の位置にプロットしている．以下，これらに基づいて各影響因子について比較検討を行う．

(1) 鋼素材の破壊靭性

素材（AP0, BP0）の限界CTOD値を両鋼材で比較した場合，脆性-延性遷移温度がSM490YB材では−40℃程度であり，SM570Q材の方が−80℃程度と低く，素材としての破壊靭性は優れている．

(2) ひずみ方向の影響

図1.39および図1.40で，SM490YB材について，ひずみパターンAP1とAP2を比較すると，圧縮予ひずみを受けたAP2の場合，引張予ひずみを受けたAP1の場合に比べCTOD曲線がより高温側に移行しており，鋼材がより脆化する傾向にある．この傾向については，筆者らがすでに文献48)で指摘しているとおりである．また繰返しひずみ履歴を受けた場合，ひずみ履歴が圧縮から始まったパターン（AP4）の方が，引張ひずみを先に受けたパターン（AP3）の場合より脆化している．一方，SM570Q材の場合にも，SM490YB材と同様な傾向が見られるが，圧縮単調ひずみ（BP2）の場合にのみ著しく脆化しており，その他のパターンによる脆化の程度は小さい．

(3) 繰返し履歴の影響

図1.39および図1.40からわかるように，SM490YB材では，引張ひずみ後圧縮ひずみを受けた場合（AP3），圧縮ひずみ後引張ひずみを受けた場合（AP4）のいずれも，それぞれ単調な引張ひずみ（AP1），単調な圧縮ひずみ（AP2）を受けた場合よりも鋼材がさらに脆化しており，繰返しひずみ履歴の影響は，より鋼材の破壊靭性を劣化させる傾向として現れている．しかしながら，表1.8に示す$\Delta T_{0.1}$の値に着目し，単調引張ひずみを受けた場合（AP1）の遷移温度のシフト量と，引張ひずみ後圧縮ひずみを受けた場合（AP3）のシフト量とを比較すると，繰返しによるシフト量よりも最初の単調ひずみによるシフト量が大きく，最初の単調ひずみが鋼材の破壊靭性へ与える影響が大きいといえる．これは，圧

(a) SM490YB 材

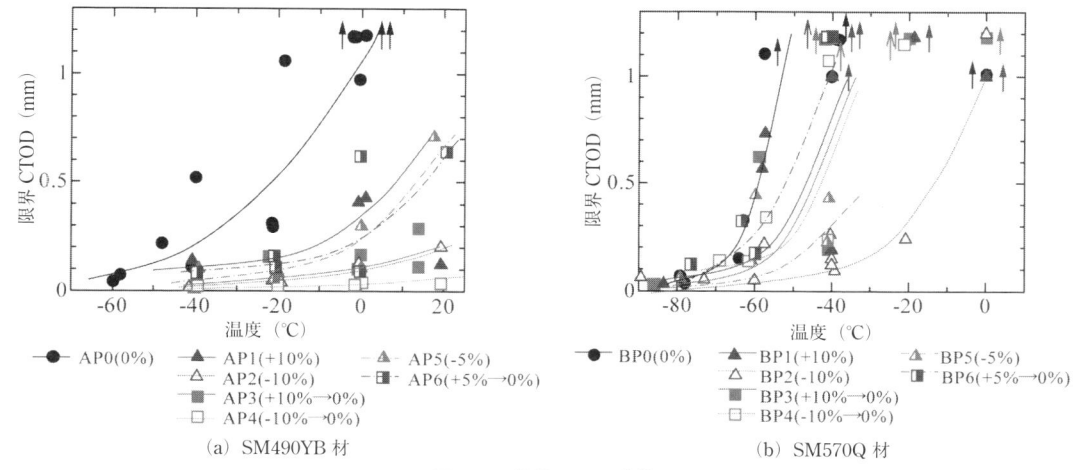

(b) SM570Q 材

図 1.39　限界 CTOD 曲線

縮側のひずみの場合（AP2 と AP4 の比較）も同様である．

一方，SM570Q 材では，図 1.39 および図 1.40 に示されるように，引張ひずみを受けた後，さらに圧縮予ひずみを受けた場合（BP3）も，圧縮ひずみを受けた後に引張予ひずみを受けた場合（BP4）も，素材（BP0）に比べて，限界 CTOD 曲線のシフトが小さく，ほとんど脆化が生じていない．すなわち，SM570Q 材では，繰返しひずみによる鋼材靭性への影響が明確に現れておらず，単調ひずみによる靭性劣化のみが際立つ結果となっている．

このように，繰返しひずみの鋼材靭性への影響は，鋼種により大きく異なる．

(4) ひずみレベルの影響

図 1.39 でひずみレベルによる影響の違いを比較すると，両鋼種とも，導入されるひずみ量が大きくなると，鋼材がより脆化する傾向が見られる．しかし，表 1.8 および図 1.40 からわかるように，その際，SM490YB 材では，5% のひずみレベルでも $\Delta T_{0.1}$ が 30℃ 程度と鋼材の脆化が顕著に見られるが，SM570Q 材では 5% のひずみレベルで $\Delta T_{0.1}$ が 10℃ 程度以下と，10% のひずみレベルの場合と比べ著しく脆化の程度が小さい．SM570Q 材が示すような特性は，鋼材が受けるひずみのレベルを低下させることにより，破壊靭性劣化を著しく抑制することができる可能性を示しており，鋼製橋脚における脆性破壊防止の観点からは重要な特性である．

このように，鋼材靭性に対する塑性ひずみ履歴の

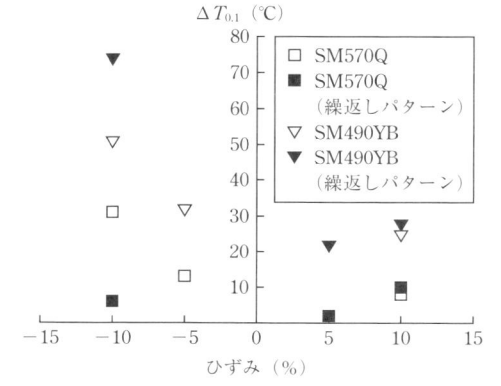

図 1.40　ひずみレベルと限界 CTOD 曲線の温度シフト量との関係

表 1.8　試験結果

| 呼称 | 引張試験 | | | CTOD 試験 |
| --- | --- | --- | --- | --- |
| | 降伏点 (0.2% 耐力) (MPa) | 引張強度 (MPa) | 破断延性 (%) | 限界 CTOD 値 0.1 nm での限界 CTOD 曲線の温度シフト分 $\Delta T_{0.1}$ (℃) |
| AP0 | 421 | 572 | 121 | — |
| AP1 | 616 | 632 | 104 | 25 |
| AP2 | 360 | 609 | 114 | 51 |
| AP3 | 334 | 604 | 118 | 28 |
| AP4 | 672 | 692 | 106 | 74 |
| AP5 | 297 | 582 | 115 | 32 |
| AP6 | 339 | 594 | 123 | 22 |
| BP0 | 535 | 630 | 148 | — |
| BP1 | 702 | 723 | 131 | 8 |
| BP2 | 418 | 646 | 146 | 31 |
| BP3 | 720 | 728 | 129 | 10 |
| BP4 | 678 | 685 | 138 | 6 |
| BP5 | 389 | 609 | 144 | 13 |
| BP6 | 367 | 608 | 149 | 2 |

図 1.41 破面状況

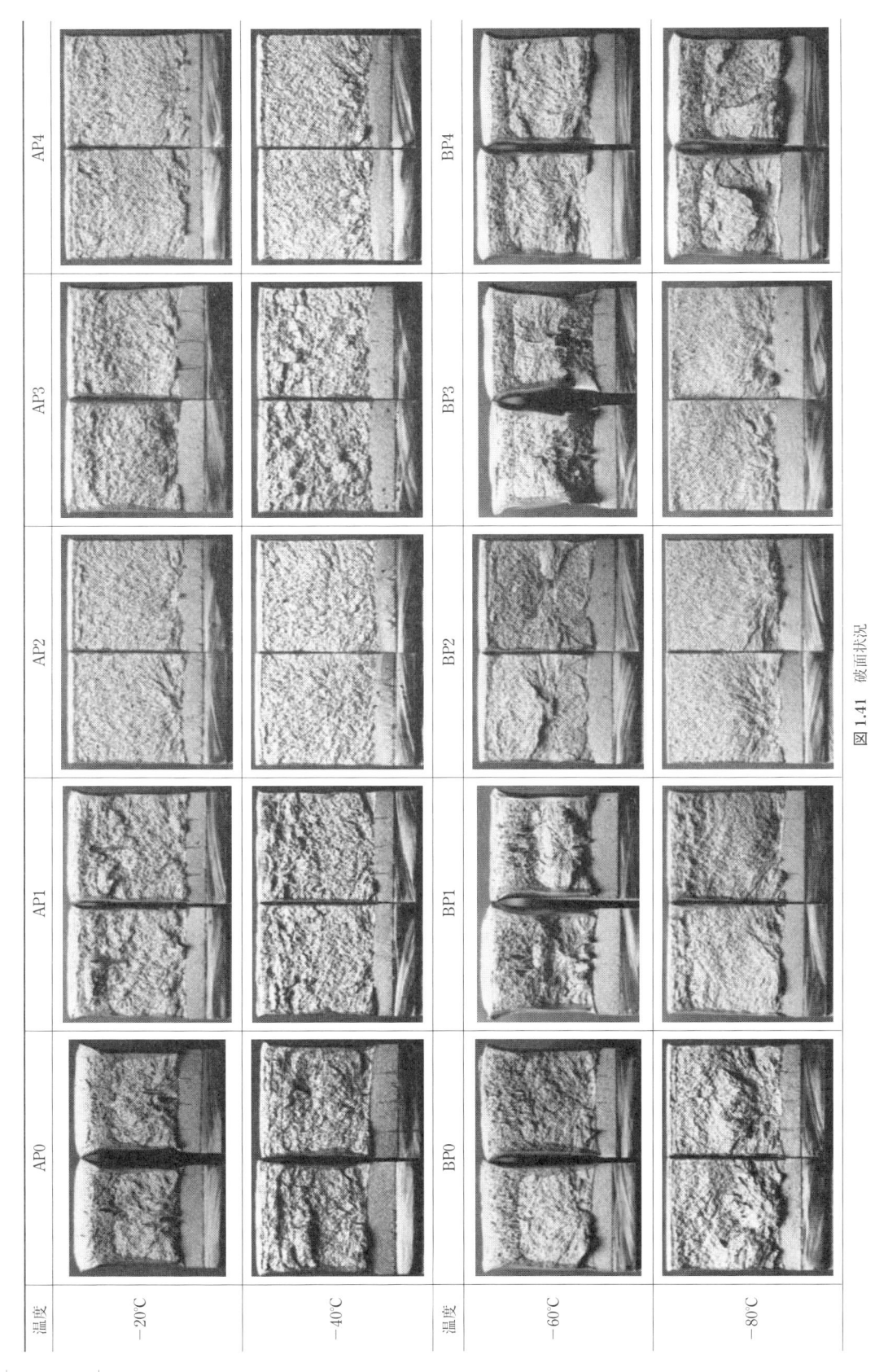

22　　1. 土木鋼構造物の耐震性

ひずみレベルの影響は，より大きいひずみレベルの方がより鋼材を脆化させるが，その脆化の程度は鋼種により異なっている．

以上のように，様々な塑性ひずみ履歴パターンの鋼材靭性への影響を明らかにし，それがひずみパターンやひずみレベル，鋼種によって影響の程度が異なることを示した．なお，図1.39および図1.40からわかるように，地震時に鋼製橋脚において想定するひずみ履歴パターンのなかでは，単調圧縮塑性ひずみ履歴パターン（AP2，BP3）が最も鋼材を脆化させるひずみパターンである．

**c．破面観察**

限界CTOD曲線に関する検討で認められた事実を検証するため破面観察を行った．両鋼材の破面状況の代表的なものを図1.41に示す．図からわかるように，全体的な傾向として，両鋼種とも試験温度が低いほど，より破面が平坦となり，断面の絞りの程度が小さくなり，より脆性的な破壊を呈したことが確認できる．以下に，それぞれの鋼材における破面の特徴を述べる．

SM490YB材の破面をひずみ履歴パターンごとに比較すると，ほかと比べ破面が平坦で典型的な脆性破面となっていることから，AP2，AP4において著しく脆化していることが明確であり，図1.39の限界CTOD値に関する検討で示したように，圧縮予ひずみを受けた鋼材の方が引張予ひずみを受けた鋼材に比べ脆化している様子が見られる．一方，SM570Q材においても，単調ひずみでは，圧縮ひずみの方が脆性破面が顕著に見られ，単調引張ひずみ（BP1）と比べ明らかに脆化している．また，BP2とBP4の破面を比較すると，圧縮ひずみを受けた後に引張予ひずみを受けた場合（BP4）の方が破断面の絞りが大きくまた破面の凹凸が大きいことから，延性的な破壊が起こっていると考えられ，繰返しひずみの影響が小さいことを確認できる．このように，破面観察からも限界CTOD曲線に関する検討で示したのと同様な傾向が確認された．

## 1.5 脆性破壊防止に必要な破壊靭性レベルの提案

ここでは，上述の実験結果およびこれまでに行ってきた各種鋼材に対する塑性ひずみ履歴の破壊靭性への影響に関する研究成果[48]を総括して，鋼製橋脚における地震時脆性破壊防止に必要な鋼材の破壊靭性レベルについて考える．

図1.42は，全ての対象鋼材について，図1.40と同様，横軸に鋼材へ導入したひずみレベル，縦軸に導入した塑性ひずみ履歴による鋼材の靭性劣化の程度を表すものとして$\Delta T_{0.1}$を用いて，その関係を表したものである．この図からわかるように，同じひずみレベルで比較すると，引張ひずみによるシフト分よりも圧縮ひずみによるシフト分の方が大きく，より鋼材を脆化させる傾向がある．

そこで，ここでは，地震時脆性破壊防止を考慮すべき最大の変形レベルとして，才塚・宇佐美[50]が限界状態として提案する$\delta_{95}$（最大耐力を過ぎその95％に耐力が低下した時点での変形量）を考え，その際の最大塑性ひずみレベルとしては，前述のように10％を設定する．その場合，図1.42からわかる

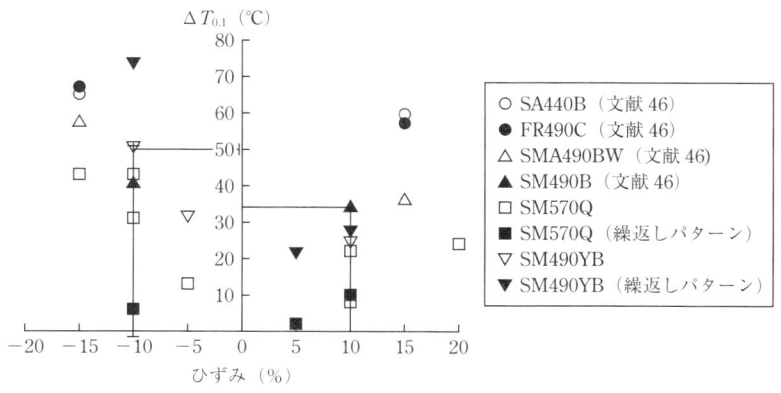

図1.42 ひずみレベルと限界CTOD曲線の温度シフト量との関係（全対象鋼材）

凡例：
○ SA440B（文献46）
● FR490C（文献46）
△ SMA490BW（文献46）
▲ SM490B（文献46）
□ SM570Q
■ SM570Q（繰返しパターン）
▽ SM490YB
▼ SM490YB（繰返しパターン）

ように，1.3節で示した地震時に想定するひずみ履歴パターンのなかでは，単調圧縮ひずみを受けたときの温度シフトが最大であり，約50℃である．その結果から，地震時の脆性破壊防止の観点から鋼材の破壊靭性に対する要求として，この温度シフト50℃を考慮することを考え，以下のように，鋼材の要求靭性レベルを提案できる．

(限界CTOD値が0.1mmとなる温度 $T_{0.1}$)[℃]
≦(対象構造物の最低使用温度 $T-50$)[℃]

我が国における構造物最低使用温度[51] $T$ は，本州を含む平均的な地域で−10℃，北海道で−40℃程度であることから，$T_{0.1}$ に対する要求レベルとしてはそれぞれ−60℃以下，−90℃以下となる．

なお，この提案では，基準となる限界CTOD値として0.1mmを用いている．これは，JIS規格[52]で溶接構造用圧延鋼材に対して定められている要求シャルピー吸収エネルギー値27Jおよび47Jは降伏点400MPa程度ではそれぞれ0.0980mmおよび0.117mm程度に相当する[10]こと，貝原ら[53]が低温用溶接継手に関する検討において限界CTOD値0.1mmを要求靭性値として取り上げていることを踏まえ，脆性的な破壊を防止するためには限界CTOD値は少なくとも0.1mm以上必要であると考え設定したものである．これまでも，防止すべききわめて脆性的な破壊は，限界CTOD値が0.1mmに満たない状況で起こると指摘されている[32],[54]ため，限界CTOD値0.1mmは，脆性破壊を防止するには十分な破壊靭性レベルであると考えられる．なお，ひずみ速度(動的効果)の影響については，既往の研究[29]により，10%程度の大きなひずみのレベルでは，動的効果よりも大きなひずみを受けたこと自体による靭性の劣化の影響が大きいことが確認されていることから考慮していない．

## 参考文献

1) 土木学会鋼構造委員会：鋼構造物の安全性の調査報告，1995.
2) 鉄道総合技術研究所：兵庫県南部地震鉄道被害調査報告，1996.
3) 渡邊英一，前川義男，杉浦邦征，北根安雄：鋼橋の被害と耐震性．土木学会誌，**80**, 54-62, 1995.
4) 建設省土木研究所：道路橋橋脚の地震時限界状態設計法に関する共同研究報告書(I～VIII)，(総括編)，共同報告書178～184, 212, 219号，1997, 1998, 1999.
5) 宇佐美勉，青木徹彦，加藤正宏，和田匡央：鋼管短柱の圧縮および曲げ耐荷力実験．土木学会論文集，No.416/I-13, 255-264, 1990.
6) 水谷慎吾，宇佐美勉，青木徹彦，伊藤義人，岡本隆：パイプ断面鋼圧縮部材の繰り返し弾塑性挙動に関する実験的研究．構造工学論文集，**42A**, 105-114, 1996.
7) 井浦雅司，熊谷洋司，小牧理：横力と一定軸力を受ける円筒シェルの終局状態に関する研究．土木学会論文集，No.556/I-38, 107-118, 1997.
8) 安波博道，寺田昌弘，青木徹彦，山田将樹：高張力鋼(SM570Q)鋼管柱の繰り返し弾塑性挙動に関する実験的研究．土木学会論文集，No.591/I-43, 233-242, 1998.
9) 三木千壽，Muller, J., 佐々木哲也：断面変化部を有する円形断面鋼橋脚の地震時保有水平耐力．土木学会論文集，No.605/I-45, 117-127, 1998.
10) 葛漢彬，高聖彬，宇佐美勉，松村寿男：鋼製パイプ断面橋脚の繰り返し弾塑性挙動に関する数値解析的研究．土木学会論文集，No.577/I-41, 181-190, 1997.
11) 陵城成樹，堀江佳平，加賀山泰一，新名勉，内田諭，渡邊英一：円形断面を有する鋼製橋脚の弾塑性挙動と耐震設計法に関する研究．構造工学論文集，**46A**, 815-820, 2000.
12) 鉄道総合技術研究所：鉄道構造物等設計標準・同解説・耐震設計，丸善，1999.
13) 宇佐美勉：ハイダクティリティー鋼製橋脚．橋梁と基礎，**31**(6), 30-36, 1997.
14) 井上肇，前中浩，佐久間正明：圧縮予歪みが破壊靭性に及ぼす影響．日本造船学会論文集，160号，450-460, 1986.
15) 穂積秀雄，浅野和宏，花井厚周，牧野行伸，平野道勝：繰返し力を受ける鋼部材の局部座屈断面に生じるき裂発生に関する研究．日本建築学会構造系論文集，466号，135-144, 1994.
16) 河野昭彦，松井千秋，木村俊行，田中幸仁：実大コンクリート充填鋼管の繰返し局部座屈破断に関する実験的検討．日本建築学会構造系論文集，536号，163-167, 2000.
17) 最相元雄，松山輝雄：コンクリート充填鋼管柱の鋼管亀裂と累積塑性変形能力に関する研究．日本建築学会構造系論文集，528号，167-174, 2000.
18) 藤田譲，野本敏治，弓削和徳：圧縮および引張荷重を受ける構造要素の変形挙動—(第一報)繰返し荷重を受ける柱の変形挙動—．日本造船学会論文集，156号，346-354, 1984.

19) 山本元道, 束田幸四郎, 藤久保昌彦, 矢尾哲也, 矢島　浩：座屈により大きな圧縮歪を受けた鋼構造部材の亀裂強度に関する研究（その1）. 日本造船学会論文集, 178号, 565-573, 1995.

20) 山本元道, 矢島　浩, 栗原正好, 守田　聡：座屈により大きな圧縮歪を受けた鋼構造部材の亀裂強度に関する研究（その2）. 日本造船学会論文集, 182号, 659-665, 1997.

21) 阪野賢治：圧縮予荷重により発生する亀裂を用いた破壊靭性評価法に関する研究. 日本造船学会論文集, 141号, 282-289, 1977.

22) 宇佐美勉, 鈴木俊光, 伊藤義人：実橋脚をモデル化した基部を有するコンクリート充填鋼柱のハイブリッド地震応答実験. 土木学会論文集, No.525/I-33, 55-67, 1995.

23) 鈴木俊光, 宇佐美勉, 伊藤義人, 豊島　径：細長比パラメータの大きなコンクリート部分充填柱の強震時挙動. 土木学会論文集, No.537/I-35, 77-88, 1996.

24) 冨永知徳, 安波博道：鋼製橋脚の低サイクル疲労の発生に関する一考察. 土木学会第49回年次学術講演会講演概要集, I-837, 1670-1671, 1994.

25) 森河　久, 下里哲弘, 三木千壽, 市川篤司：箱断面柱を有する鋼製橋脚に発生した疲労損傷の調査と応急対策. 土木学会論文集, No.703/I-59, 177-183, 2002.

26) 奥村敏恵, 石沢成夫：薄板構造ラーメン隅角部の応力計算について. 土木学会論文集, 153号, 1-18, 1965.

27) 佐々木栄一, 三木千壽, 市川篤司, 高橋和也：鋼製ラーメン橋脚の大規模地震時挙動. 構造工学論文集, **50A**, 1467-1477, 2004.

28) 木下幸治, 三木千壽, 田辺篤史, 市川篤司：円形断面柱を有する鋼製ラーメン橋脚の耐震性能評価. 構造工学論文集, **52A**, 477-488, 2006.

29) 岡下勝彦, 大南亮一, 道場康二, 山本晃久, 冨松　実, 丹治康行, 三木千壽：兵庫県南部地震による神戸港港湾幹線道路P75橋脚隅角部におけるき裂損傷の原因調査・検討. 土木学会論文集, No.591/I-43, 243-261, 1998.

30) 栄藤　修, 三原孝夫, 三木千壽：兵庫県南部地震により鋳鋼管ラーメン橋脚に生じた脆性破壊の原因調査. 土木学会論文集, No.591/I-43, 263-272, 1998.

31) 大倉一郎, 田原　潤, 安田　修, 広野正彦：阪神・淡路大震災で被災した鋼製円形橋脚の破壊靭性. 鋼構造論文集, **5**(19), 29-37, 1998.

32) 三木千壽, 休場裕子, 沖中知雄：阪神大震災により円形断面鋼製橋脚に生じた脆性破壊の材料特性からの検討. 土木学会論文集, No.612/I-46, 45-53, 1999.

33) 建設省土木研究所：鋼製橋脚のハイブリッド地震応答実験. 土木研究所資料, 3583号, 1999.

34) 三木千壽, Muller, J., 佐々木哲也：断面変化部を有する円形断面鋼製橋脚の耐震性能の検討. 土木学会論文集, No.605/I-45, 117-127, 1998.

35) 佐々木栄一, 高橋和也, 市川篤司, 三木千壽, 名取暢：鋼製ラーメン橋脚隅角部の補剛構造がその弾塑性挙動に及ぼす影響. 土木学会論文集, No.689/I-57, 201-214, 2001.

36) 石澤俊希, 井浦雅司：円形鋼製橋脚の最高荷重および劣化特性に関する研究. 第2回鋼構造物の非線形数値解析と耐震設計への応用に関する論文集, 115-120, 1998.

37) Goo, S., Usami, T. & Ge, H.：Numerical Study on Seismic Performance Evaluation of Steel Structures. *Nagoya University Report*, No.9801, 1998.

38) 中村秀治：鋼製円筒橋脚の動的弾塑性座屈解析. 土木学会論文集, No.549/I-37, 205-219, 1996.

39) 吉成仁志, 榎並啓太郎, 今井拓水, 小関　正, 島貫広志, 井上健裕, 粟飯原周二：圧縮予ひずみを受けた鋼材からの延性き裂発生挙動. 日本造船学会論文集, 188号, 691-705, 2000.

40) 三木千壽, 市川篤司, 坂本拓也, 田邊篤司, 時田英夫, 下里哲弘：鋼箱型断面ラーメン橋脚隅角部の疲労特性. 土木学会論文集, No.710/I-60, 361-371, 2002.

41) 三木千壽, 四十沢利康, 穴見健吾：鋼製門型ラーメン橋脚隅角部の地震時脆性破壊. 土木学会論文集, No.591, 273-281, 1998.

42) 坂野昌弘, 岸上信彦, 小野剛史, 三上市蔵：鋼製ラーメン橋脚柱梁接合部の超低サイクル疲労破壊挙動. 鋼構造論文集, 4(16), 17-26, 1997.

43) 坂野昌弘, 三上市蔵, 村山　弘, 三住泰久：鋼製橋脚基部の超低サイクル破壊挙動. 鋼構造論文集, 2(8), 73-82, 1995.

44) 坂野昌弘, 岸上信彦, 小野剛史, 森川友記, 三上市蔵：三角リブ付き鋼製橋脚基部の超低サイクル疲労挙動. 構造工学論文集, **44A**, 1281-1288, 1998.

45) 日本溶接協会鉄鋼部会APD II委員会：建築鉄骨での脆性的破壊と鋼材破壊靭性セミナー（第13回溶接構造用鋼材に関する研究発表会）, 1999.

46) 桑村　仁：繰返し塑性ひずみを受ける構造用鋼材の疲労―延性破壊遷移―. 日本建築学会構造系論文集, 461号, 123-131, 1994.

47) 金沢　武, 町田　進, 矢島　浩, 青木　満, 川辺智信：鋼材の脆性破壊発生特性におよぼす疲労の影響（第2報）. 日本造船学会論文集, 126号, 397-410, 1969.

48) 三木千壽, 佐々木栄一, 休場裕子, 竹之井勇：引張および圧縮の塑性ひずみ履歴による鋼材の破壊靭性

劣化．土木学会論文集，No.640/I-50，165-175，2000．

49) 日本溶接協会：き裂開口変位（CTOD）試験（WES1108-1995），1995．

50) 才塚邦宏，宇佐美勉：コンクリート部分充填鋼製橋脚の終局耐震設計法と耐震実験による検証．土木学会論文集，No.570/I-40，287-296，1997．

51) 久保雅邦，石田良三，北沢正彦，川北司郎：気温と構造物温度の実態調査による温度荷重の検討．土木学会第41回年次学術講演会講演概要集，339-340，1986．

52) 日本規格協会：溶接構造用圧延鋼材，JIS-G3106-1992，1992．

53) 貝原正一郎，村山武弘，河野武亮，南二三吉，豊田政男，佐藤邦彦：低温用鋼溶接継手の破壊強度評価への曲げ限界COD値の意義について．溶接学会論文集，4(1)，176-181，1986．

54) 小田　勇：シャルピ吸収エネルギと限界CODの関係．溶接学会論文集，4(2)，453-458，1986．

# 2 鉄骨造建築の耐震性

従来型の耐震構造では図2.1に示すように，強震下においては梁降伏型の降伏機構を形成させ，梁端部における塑性仕事により地震による入力エネルギーを消費させ，建物の倒壊を防いできた．梁などの主架構を構成する部材の塑性変形能力に期待する設計法については，塑性化に伴い大きな変形が生じるなどの問題点はあるが，世の中に存在する鋼構造建築の多くは従来型の耐震構造である．

今後の耐震設計のあるべき姿については本シリーズの他の部分に譲り，ここでは一般的な建物である従来型の耐震設計法によりつくられた中低層の鋼構造ラーメン骨組を対象として，本章前半において，兵庫県南部地震における被害を中心に地震被害事例について概説する．本章後半では，部材の変形能力と骨組の耐震性能の関係を，秋山によって提案・構築されたエネルギーの釣合いに基づく耐震設計法[1],[2]に基づき概説したうえで，鉄骨造建築の耐震性能を支配する部材の塑性変形能力について概説する．なお，エネルギーの釣合いに基づく耐震設計法の理論の詳細については，オリジナルの文献[1],[2]を精読されたい．また，エネルギーの釣合いに基づく耐震設計法については告示化され実務に供されているが，実務上の問題については，日本建築センターから出版されている解説書[3]などを精読されたい．

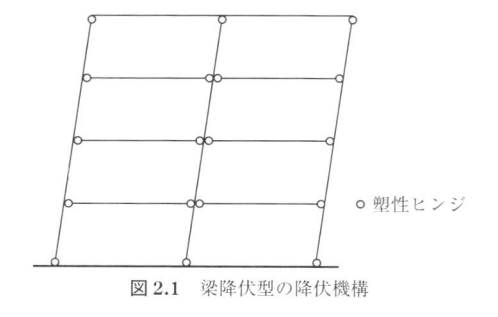

## 2.1 鉄骨造建築の地震被害例

1995年1月15日に発生した兵庫県南部地震では，激震地を中心とした広範な地域で甚大な被害が発生し，鋼構造建築においても厚肉柱材の脆性破壊や，柱梁接合部近傍における破壊といった，予想外の被害が数多く見られた．それ以前は，我が国では鋼構造建築が大きな地震被害を受けた例がほとんどなかったことから，鋼構造建築の耐震性能を無意識のうちに過大評価してきたこともあり，被害が鋼構造建築にかかわる研究者・技術者に与えた衝撃は非常に大きなものであった．

兵庫県南部地震における鋼構造建築の代表的な被害例は，図2.2～2.4に示す角形鋼管柱とH形断面梁との接合部近傍における破断である．破断被害の原因としては

① 梁フランジと柱の間の応力の伝達はダイアフラムを介してなされるが，角形鋼管を柱に用いた場合には，梁のウェブの曲げ応力の柱への伝達は柱フランジの面外曲げを介してなされる

図2.1 梁降伏型の降伏機構 ○塑性ヒンジ

図2.2 梁端部下フランジの破断①

図 2.3 梁端部下フランジの破断②-1（全景）

図 2.4 梁端部下フランジの破断②-2（脆性的な破断面の拡大）

図 2.5 梁端部に発生した局部座屈

ことになり不完全であり，梁端部のフランジに応力が集中したこと．
② 梁端部には溶接のためのスカラップが設けられており，スカラップ底にさらなる応力集中が生じたこと．
③ 梁材あるいは溶接部近傍における靱性（伸び能力）が低く，早期に破断限界に達したこと．
④ 圧縮力のみに抵抗する床スラブの存在により，正曲げ時には下フランジが大きく引っ張られるのに対し，負曲げ時における圧縮側への戻り

が小さいことから，繰返し荷重を受ける合成梁の下フランジ側には大きな引張ひずみが累積すること．

などがあげられる．梁端部におけるエネルギー吸収で建物全体の耐震性能を確保する梁降伏型の骨組においては，梁端部における早期破断の発生は耐震性能が予想以上に低かったことを表すことでもあり，重大な問題として受け止められた．なお，破断によって決まる梁の塑性変形能力については後ほど解説する．

また，梁端部の被害としては，それまで梁部材の主たる最大耐力決定要因と考えられていた局部座屈も発生していた．局部座屈の被害例を図 2.5 に示す．

一方，柱についても梁同様に接合部における破断（図 2.6）が発生したほか，先にも述べたように厚肉柱の脆性破壊（図 2.7）が発生した．もちろん，局部座屈による被害も発生しており，図 2.8 のように大きな層間変形を生じてカーテンウォールが落下する（図 2.9）などの被害が発生した．このほか，これまでの大きな地震で体育館などで見られたのと同様にブレースの座屈（図 2.10）や破断（図 2.11）も

図 2.6 柱の破断

図 2.7 厚肉柱の脆性破壊

2. 鉄骨造建築の耐震性

図 2.8　局部座屈の発生した柱（下側）とそれに伴い生じた大きな層間変形

図 2.9　落下したカーテンウォール（外壁）

図 2.10　ブレースの座屈

図 2.11　ブレースの破断

多数発生し，そのために生じた大きな層間変形やブレースの構面外変形により，カーテンウォールなどの非構造材にも大きな被害を与えた．図 2.9 からもわかるように，これら非構造材の落下は大きな 2 次被害の原因となることから，大地震時においても建物に大きな変形を生じさせないよう，ダンパーを入れるなどの対策が必要である．近年，免震構造や制振構造が普及してきたが，これら新しい構造システムを採用することで，外壁などの非構造部材への被害の発生も少なくなることが期待されている．

## 2.2　鉄骨造建築の耐震性能

### ▶ 2.2.1　評価法の概要

エネルギーの釣合いに基づく耐震性能評価法においては，地震によって建物に入力される総エネルギー $E$ から建物の減衰によって消費されるエネルギー $W_h$ を除いた損傷に寄与するエネルギー $E_D$ と，エネルギー吸収能力で表される建物の耐震性能を比較し，後者が前者を上回っていれば建物は安全であると評価される．

ここで，地震によって建物に投入される総エネルギー入力 $E$ は，設計用のエネルギースペクトルあるいは性能評価時に想定する地震動に基づくエネルギースペクトルから，1 次固有周期 $T$ に対応する速度換算値 $V_E = \sqrt{2E/M}$ として与えられる．つまり，1 次固有周期 $T$ と総質量 $M$ そしてエネルギースペクトルにより与えられる．エネルギースペクトルとは，減衰 10% の弾性系 1 自由度系に対する総エネ

ギー入力 $E$ を速度換算値 $V_E=\sqrt{2E/M}$ で表し，周期 $T$ との関係でプロットしたものである．設計用の地震動として用いられることの多い地震波のエネルギースペクトルを図 2.12 に例示する．この図から，エネルギースペクトルが周期の微妙な違いの影響を受けない概ね安定したものであることがわかる．

また，損傷に寄与するエネルギー $E_D$ は，応答解析結果に基づく半経験式

$$E_D = \frac{1}{(1+1.2\sqrt{h}+3h)^2} \cdot E \quad (2.1)$$

によって，総エネルギー入力 $E$ と関係付けられる．ここで，$h$ は減衰定数．

一方，建物のエネルギー吸収能力を $E_{\max}$ とする．第 1 層に着目することで $E_{\max}$ は，

$$E_{\max} = \frac{M \cdot g \cdot T^2}{4\pi^2} \cdot \left( \frac{\alpha_1^2}{2} + \frac{\gamma_1 \cdot \alpha_1^2 \cdot \eta_1}{\kappa_1} \right) \quad (2.2)$$

で与えられる．ここで $g$ は重力加速度，$\pi$ は円周率であり定数である．また，$M$ は建物の総質量，$T$ は建物の 1 次固有周期，$\alpha_1$ は 1 層の降伏せん断力係数であり，建物固有の基本的な値である．$\gamma_1$ は第 1 層の損傷分散係数であり，建物全体で吸収する塑性ひずみエネルギー $W_p$ と，第 1 層で吸収する塑性ひずみエネルギー $W_{p1}$ の関係で

$$\gamma_1 = \frac{W_p}{W_{p1}} \quad (2.3)$$

と定義され，建物の規模や質量分布，強度分布，剛性分布，降伏メカニズムによって決まる値である．$\kappa_1$ は質量と 1 次固有周期の等しい等価な 1 自由度系の剛性 $k_{eq}$ に対する第 1 層の水平剛性 $k_1$ の比率，

$$\kappa_1 = \frac{k_1}{k_{eq}} \quad (2.4)$$

そして，$\eta_1$ は累積塑性変形倍率で表した第 1 層の塑性変形能力である．エネルギーの釣合いに基づく耐震性能評価法では，塑性変形能力を表す尺度として累積塑性変形倍率 $\eta$ を用いるが，$\eta$ は図 2.13 に示すように，完全弾塑性型の復元力特性を仮定した場合に各半サイクルごとの塑性変形量 $\delta_{pi}$ の累積値 $\Sigma\delta_{pi}$ を降伏変形 $\delta_y$ で除した値として定義される．実際の構造物では復元力特性は完全弾塑性型とはならないが，エネルギー吸収量を等価な完全弾塑性型に換算することで対応する．すなわち，履歴吸収エネルギー $W_p$ を降伏せん断力 $Q_y$ と降伏変形 $\delta_y$ の積 $Q_y \cdot \delta_y$（単

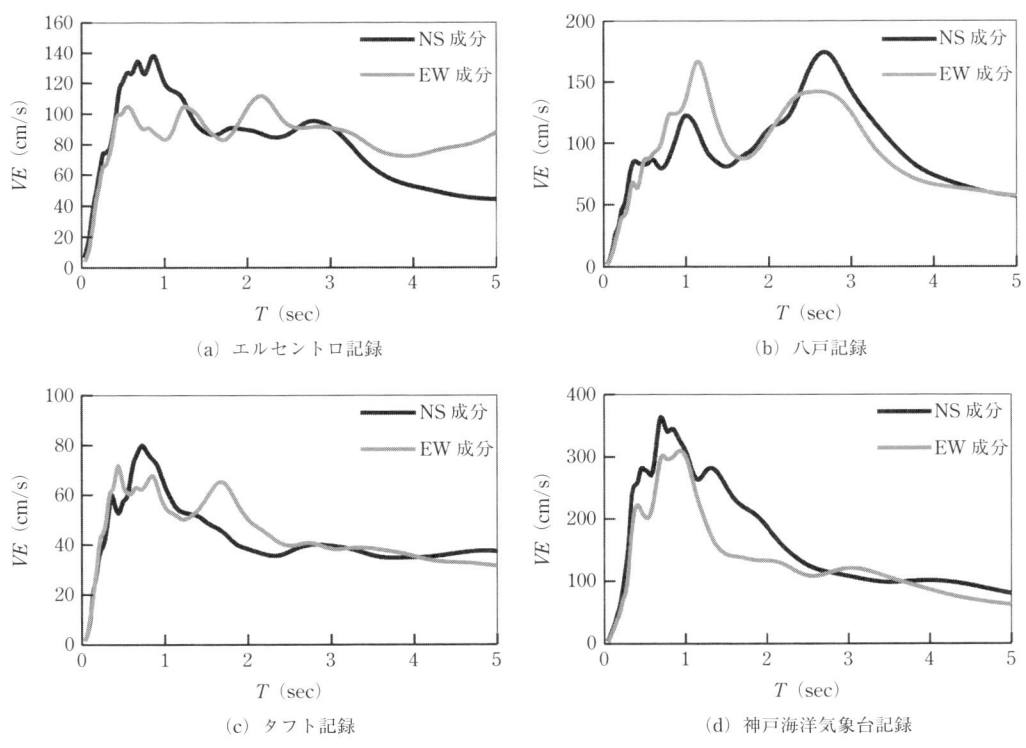

(a) エルセントロ記録

(b) 八戸記録

(c) タフト記録

(d) 神戸海洋気象台記録

図 2.12　エネルギースペクトルの例

位塑性仕事）で除した値を等価累積塑性変形倍率 $\bar{\eta}$ と定義し，これで置き換える．累積塑性変形倍率 $\eta$（等価累積塑性変形倍率 $\bar{\eta}$）は，無次元化されたエネルギー吸収能力量の指標といえる．したがって，第1層の等価累積塑性変形倍率 $\bar{\eta}_1$ は

$$\bar{\eta}_1 = \frac{W_{p1}}{Q_{y1} \cdot \delta_{y1}} \quad (2.5)$$

と表される．ここで，$Q_{y1}$ は第1層の降伏せん断力，$\delta_{y1}$ は第1層の降伏変形である．

このように，建物の質量分布，強度分布，剛性分布そして層の塑性変形能力に基づき骨組全体のエネルギー吸収能力が評価されるわけであるが，層の塑性変形能力は層を構成する部材の塑性変形能力に基づき評価されることになる．層の塑性変形能力 $\eta_i$ と部材の塑性変形能力 $_l\eta$ の関係は，

$$\eta_i = 2 \cdot \left( \frac{1}{3} a_B \cdot a_p \cdot {}_l\eta + 2 \right) \quad (2.6)$$

で対応づけられる[4]．ここで，$a_B$ はバウシンガー効果による割増係数であり，梁について 2.0，柱について 1.67 である．また，$a_p$ はパネルの寄与による割増係数であり，1.5 である．そして部材の塑性変形能力 $_l\eta$ であるが，鋼部材の場合，図 2.14 に示すように正負それぞれの荷重領域において初めて到達する荷重レベルにおける履歴曲線の増分をつなぎ合わせた骨格曲線における塑性変形倍率であり，式(2.6) では降伏耐力を維持できる限界までの値をとっている．何故，エネルギー吸収量の尺度である累積塑性変形倍率ではなく骨格曲線における塑性変形倍率を用いるのかということであるが，鋼部材においては骨格曲線は一方向荷重における荷重変形関係と対応することが知られており，地震荷重下においてランダムな繰返し載荷を受ける鋼部材の塑性変形能力を一義的に定義するうえで有効な指標となるからである[5),6)]．

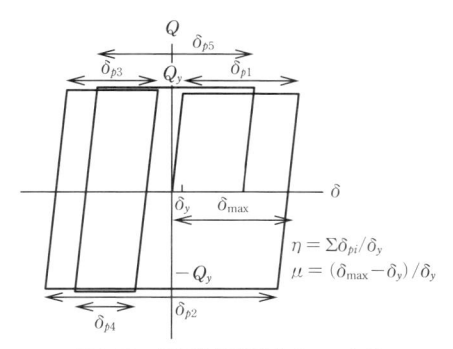

式 (2.6) では，まず骨格曲線における塑性変形倍率 $_l\eta$ にバウシンガー効果による割増係数 $a_B$ を掛けることで，地震を想定した繰返し荷重下における累積塑性変形倍率へ換算している（図 2.15 ①）．また，式中括弧内の 1/3 は部材と層の降伏変形の比率であり，これとパネルの寄与による割増係数 $a_p$ を部材の累積塑性変形倍率 $a_B \cdot {}_l\eta$ に掛けることで，層の累積塑性変形倍率に換算している（図 2.15 ②）．さらに，劣化域においてもエネルギー吸収が期待できると考え，2 を足している（図 2.15 ③）．なお，括弧内は層の累積塑性変形倍率のうち，荷重領域において正側もしくは負側の分を表していることから，これに正負均等にエネルギーを吸収することを仮定して全体に 2 を掛けて，層が許容し得る累積塑性変形倍率を算出している（図 2.15 ④）．

耐震性能は，設計用のエネルギースペクトルと建物の 1 次固有周期ならびに総質量そして式 (2.1) によって予測される，地震によってもたらされるエネ

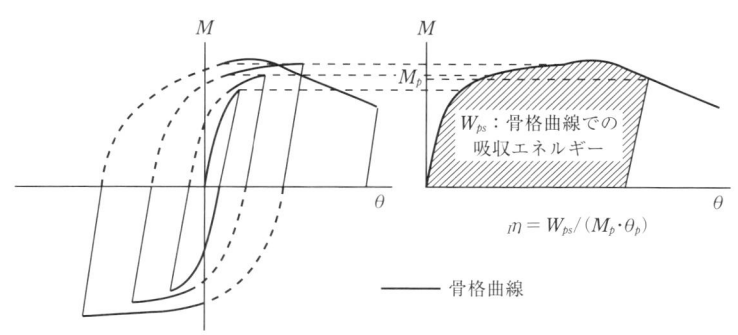

図 2.13 累積塑性変形倍率 $\eta$ の定義

図 2.14 骨格曲線の定義

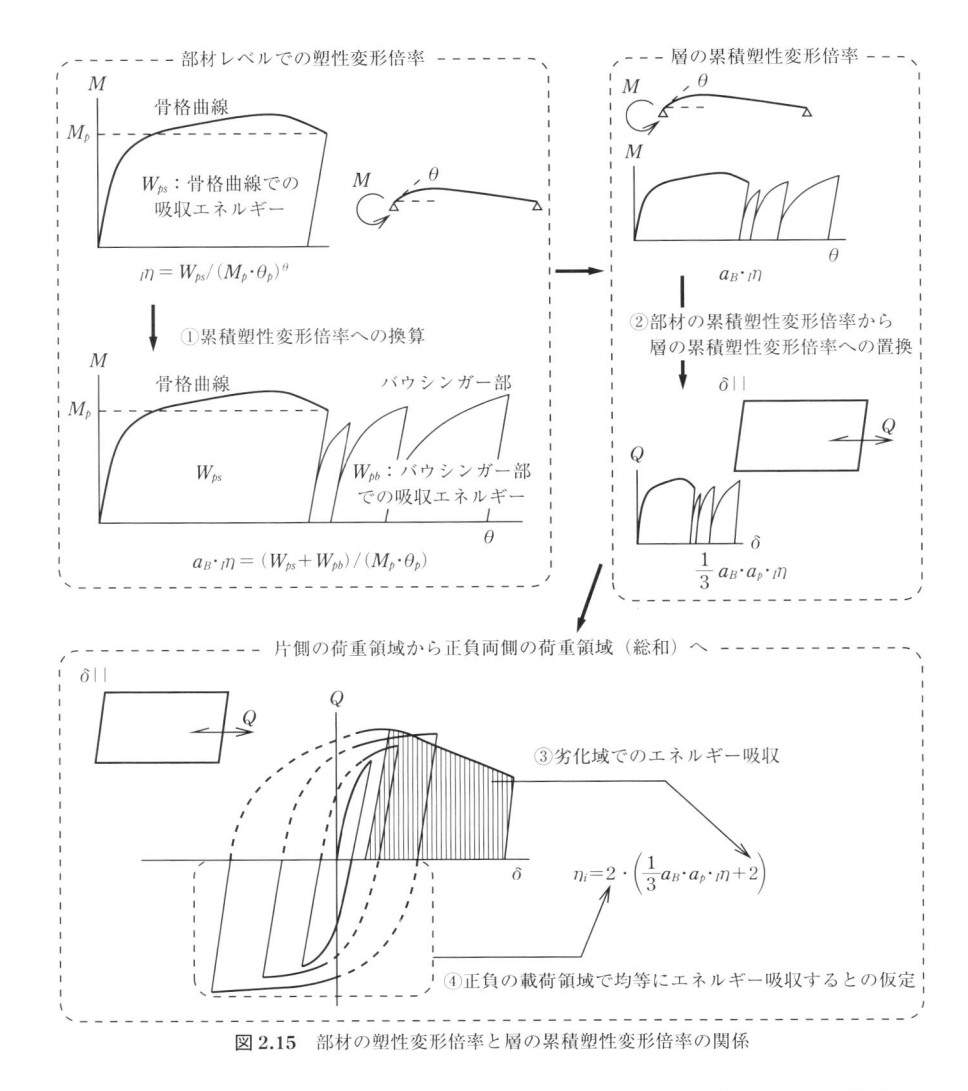

**図 2.15** 部材の塑性変形倍率と層の累積塑性変形倍率の関係

ルギーのうちの，建物の損傷に寄与するエネルギー $E_D$ と，式 (2.2) により評価される建物全体のエネルギー吸収能力 $E_{max}$ の大小関係を比較し，

$E_{max} \geq E_D$ であれば OK

$E_{max} < E_D$ であれば NG

として判定する．

### ▶ 2.2.2 鋼部材の塑性変形能力

エネルギーの釣合いに基づく耐震性能評価方法においては，部材の骨格曲線における塑性変形能力 $_l\eta$ に基づき層の塑性変形能力 $\eta_i$ を評価し，これを耐震性能の評価式に代入することで骨組全体のエネルギー吸収能力として表される耐震性能を評価する．すなわち，部材の塑性変形能力が耐震性能を評価するうえで最も重要な基本量であることから，ここで は鋼部材の塑性変形能力評価の現状を示す．

部材の塑性変形能力評価の現状であるが，骨組の耐震性能評価の根本である部材の塑性変形能力については，局部座屈の発生や接合部における破断により決まる最大耐力までの変形性能にとどまらず，最大耐力以降の劣化挙動を含め，これまでに非常に多くの研究が行われている．なかでも，兵庫県南部地震以前に鋼部材の主たる終局挙動と考えられていた局部座屈により支配される鋼部材の終局挙動については，実験・解析の両面から非常に多くの研究が行われてきた．1960 年代，Lay は曲げを受ける H 形断面梁部材について，フランジの塑性化した領域に局部座屈が発生するものとして安定条件を導き，フランジの局部座屈波の波長を求めた[7]．さらに，モーメント勾配下における部材についても局部座屈波の

波長を求めた[8]．

これらの研究では，座屈波の波長に相当する領域が塑性化した場合に局部座屈が発生するものと仮定している．そして，塑性化した部材の変形は降伏棚におけるひずみの増加によるものとし，これに対応した回転角の増分をもってモーメント勾配下におけるH形断面梁部材の塑性変形能力の評価を行っている．これに対してLukey & Adamsは，フランジの幅厚比をパラメーターとしたH形断面梁部材の3点曲げ実験を行い，Lay & Galambosによる塑性変形能力の予測結果に対して，実験から得られた塑性変形能力が大きく上回ったことと，Lay & Galambosの設定した局部座屈波の波長に対し，実験結果が半分である場合があったことを指摘した[9]．我が国においても，田中・高梨は，完全弾塑性を仮定した薄板についてvon Misesの降伏条件を適用した塑性流れ理論により安定条件式を導き，塑性域における様々な応力条件，境界条件のもとでの安定限界幅厚比を求めている．さらにTrescaの降伏条件を用いた場合についても，塑性域における安定限界幅厚比を求め，安定問題においては，降伏条件の相違が非常に敏感に影響することを指摘している[10],[11]．

一方，加藤は，現実の部材の板要素は完全な平面ではなく多少の元たわみを有することに着目し，降伏線理論に基づく塑性解析を行い塑性域で圧縮を受ける板がその降伏耐力を維持し得る限界のひずみと幅厚比の関係を求め，崩壊に至るまでの板の縮み量は幅厚比だけでなく降伏比にも関係し，高降伏比であれば変形能力は小さくなることを指摘した[12]．しかしこの論文では崩壊のパターンを固定しているため過大な上限値を与える可能性があることと，降伏条件の運用に問題があったことから，加藤らはこれらの点を改良した理論を提唱し，純曲げを受けるフランジの幅厚比と変形能力の関係を導いた[13]．また，加藤らによる研究の対象は，純曲げ下において圧縮フランジに発生する局部座屈に限定されていたことから，福知は，応力勾配下におけるH形断面部材フランジについてエネルギー法による弾塑性座屈耐力解析を行い，モーメント勾配下においては全塑性モーメントを越えた荷重で局部座屈が発生する可能性を理論的に明らかにした[14]．さらに，降伏線理論に基づく塑性解析を行い，モーメント勾配下における部材の最大耐力を求めた[15]．同様にClimenhaga & Johnsonは，降伏線理論を用いて局部座屈を伴うH形断面梁部材の荷重−変形関係が解析できることを示した[16]．

このように，1960年代から1970年代初頭においては板要素の座屈挙動を解明し，これをもとに局部座屈を伴うH形断面部材の最大耐力と塑性変形能力を求める研究がなされていた．その後，三谷らは降伏線理論によるH形断面部材の劣化挙動の解析方法を提示し[17]，さらに繰返し載荷を受ける部材の劣化挙動の解析も行った[18]．また，與田らも降伏線理論に基づく解析を行い，ウェブ幅厚比の大きなH形断面部材の，劣化域における荷重−変形関係を求めている[19]．しかしながら，理論的な解析は特定の荷重条件・境界条件下における座屈挙動を対象とするものであり，一般的な鋼部材の局部座屈を伴う終局挙動を統一的に評価できるものではない．そこで1970年代後半頃から，計算機が発展したこともあり有限要素法（以下FEM）を用いた研究が行われるようになった．

鈴木・金子は，FEMにより局部座屈を伴うH形断面短柱の板要素の連成効果を評価し得る可能性を指摘し[20]，さらにFEMによる大変形解析法を提示して[21]，H形断面短柱の劣化域を含む終局挙動が予測できることを示した[22]．また，Dawe & Kulakは，FEMで剛性マトリクスの成分を決め固有値解析により板要素の座屈耐力を求める方法を提案し，H形断面部材の耐力が予測できることを示した[23]-[25]．この予測方法は，残留応力の影響，フランジ・ウェブの拘束効果，材端支持条件を考慮できることを特徴としている．

これらの研究は，塑性化後間もなく耐力を喪失するような薄肉の断面を有する部材を扱ったものであるが，鈴木らにより，塑性変形能力を発揮するような厚肉の部材についても，FEMにより劣化域までの荷重−変形関係が解析できることが示された[26]．これら解析的な研究のほかにも，部材実験結果に基づいて局部座屈を伴う鋼部材の終局挙動の解明を目指した研究も数多くなされている．加藤・秋山は，鋼構造部材においては一方向荷重下の荷重−変形関

係と繰返し荷重下における荷重-変形関係の間に明確な対応関係があることから，一方向荷重下における荷重-変形関係を知ることが重要であることを指摘し[27]，幅厚比をパラメーターとした短柱圧縮試験結果ならびに部材の曲げおよび曲げ圧縮試験結果から，局部座屈を伴うH形断面部材と箱形断面部材の荷重-変形関係の実験式を求めている[28],[29]．

これらの式は限られた実験結果に基づくものであるが，最大耐力以降の劣化域までを含むものである．同様に，與田らも，ウェブ幅厚比の大きなH形断面部材の曲げ試験結果を統計的に処理し，劣化域を含む荷重-変形関係のモデル化を行っている[30]．実験に基づく研究はこのほかにも非常に多く行われており，これらの結果をデータベース化して利用しようという試みも行われている[31]．そして，実験と解析を総合した研究として，純圧縮下において局部座屈発生を伴う短柱の終局挙動に基づいて，曲げまたは曲げ圧縮を受ける部材の終局挙動を解明する研究がある[5],[6],[32]-[35]．

これらの研究は，平面保持を仮定した断面内の力の釣合いを解くことによりモーメント-曲率関係を求め，これを材軸方向に積分することにより部材の荷重-変形関係を解析する過程で，断面形状や素材特性をパラメーターとして行った短柱の応力度-ひずみ度関係でもって圧縮側の挙動を代表して部材の荷重-変形関係を予測するというものである．これらの手法の最終形として，各種パラメーターに対する短柱の履歴挙動を最大耐力以降の劣化域まで体系的にモデル化したうえで，局部座屈を伴う鋼部材の一方向荷重下における荷重-変形関係を最大耐力以降の劣化域に至るまで比較的簡単に解析できることまでが明らかにされている[34],[35]．図 2.16 に，解析結果の例を実験結果との比較で示す．このような実験結果に基づく解析手法や，前述した FEM による解析によって，局部座屈で最大耐力が決まる鋼部材の基本的な塑性変形能力の評価は，実用上問題のない状況にあるといえよう．

一方，兵庫県南部地震で顕在化した接合部における破断で決まる梁の塑性変形能力の評価であるが，破壊現象には寸法の影響が顕著に現れ部材を構成する板の厚さが厚くなるほど脆性的な破壊が起こりやすくなるだけでなく，溶接の影響なども板厚により変化する．さらには従来型の耐震構造において塑性化部位となる梁端接合部近傍においては接合部ディテールの複雑な形状により3軸拘束や応力集中などの複雑な応力場となるといったように，数値解析や縮小あるいは部分要素モデルによる実験ではとても評価できない．したがって，実大の部材を用いた破壊実験が不可欠である．接合部における破断で決まる梁の塑性変形能力の評価について，1995 年以降非常に多くの実大の試験体を用いた実験が行われている[36],[37]．最も多くの試験体を対象にして行われた日本建築学会近畿支部における研究では，静的ジャッキあるいは動的アクチュエーターを用いて，標準的な載荷履歴のもとでの溶接条件・載荷速度・材質などをパラメーターにした実験が行われており，各種パラメーターの影響がわかりやすく整理されている．また，秋山らは，振動台上に設置した「1質点

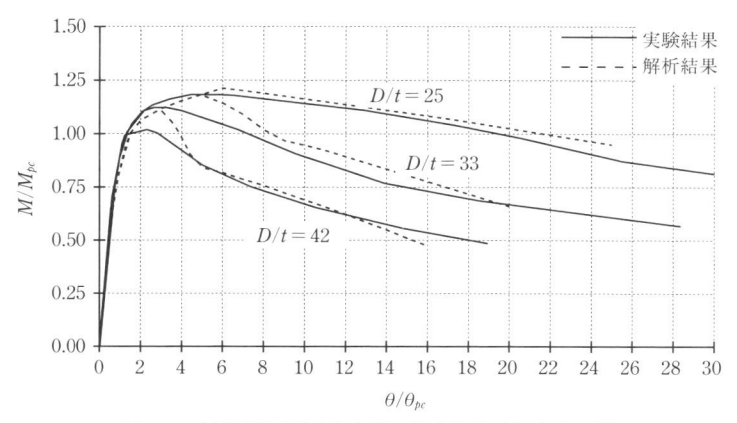

**図 2.16** 局部座屈を伴う鋼部材の荷重変形関係の解析例[34]

・柱の短スパン化，剛性上昇　⇒　柱のせん断破壊

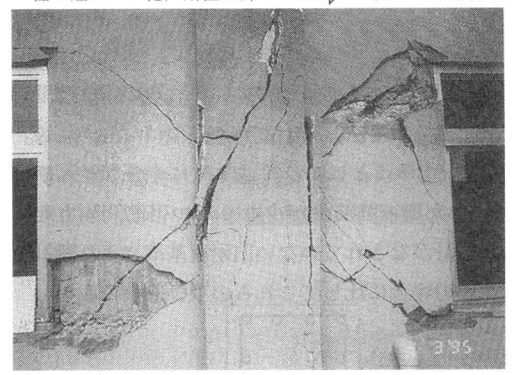

**図 3.23** そで壁一体化による短スパン柱のせん断破壊

**図 3.24** 共同住宅 1 階せん断破壊

強制変形を生じるが，この解析では，これらの影響を考慮していない．この影響を考慮すると，建物の隅柱の損傷は，さらに大きなものとなると考えられる．層全体の耐力割増をするよりも，変形が大きくなるフレームのみ耐力を割り増して，耐力偏心を起こさせることで，少ない補強量で有効に建物全体の回転変形を抑制することができる．

#### c. そで壁が柱および建物の耐震性能に及ぼす影響

柱のそで壁は，開口周りでよく用いられる．柱とそで壁が一体でつくられるとそで壁付きの柱はせいの大きな短柱として挙動し，地震時にはせん断破壊を起こしやすくなる（図 3.23）ので，そで壁と柱の境界にスリットを設けて柱とそで壁を切り離し，そで壁を非構造部材とすることが推奨されている．しかし，完全に縁を切ると，雨漏りや音漏れが生じ居住性や耐久性に悪い影響を及ぼす可能性があり，部分スリットとすることも行われている．しかし，部分スリットでは完全に縁を切ることができずに一体挙動を示すことが多い．

図 3.24, 3.25 は，ピロティーを有する建物の地震被害である．この建物は，図 3.26 に示すように，2 階より上階の壁の大半にスリットを設け，ピロティーによる 1 階への応力集中を避ける配慮がされていた．この建物の地震被害の原因を解明することを目的として，芳村・岩淵は設計どおりスリットが有効に働いた場合とスリットが無効だった場合について地震応答解析を行っている[6]．各層の最大応答変位を図 3.27 に示す．スリットが有効であった場

**図 3.25** 共同住宅 1 階せん断破壊（柱詳細）

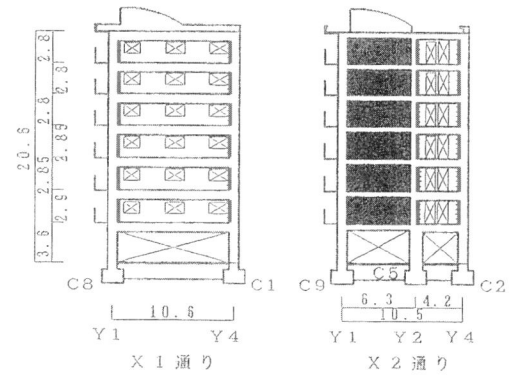

**図 3.26** 図 3.24 の建物の軸組図

合，1 階の応答変形は，2 階より大きいものの 15 cm 程度に収まっているが，スリットが無効だった場合には，1 階の最大応答変位は 30 cm を超え 2 階より

系」にモデル化された慣性加力装置を用いて，実大部分架構である試験体の振動破壊実験を行っている．このほかにも接合部における破壊現象解明のための実験は数多く行われているが，それらの多くも純鉄骨部材を対象としたものである．しかしながら，接合部の破断には床スラブの影響が大きく，純鉄骨の試験体による実験結果では過大評価となってしまい，耐震性能評価に直接使うことができない．さらに，純鉄骨の試験体を用いた研究を含め，中層程度の建物で用いられる程度の断面の部材を対象とした研究に限られており，寸法効果がより一層シビアとなる超高層建築で用いられるような大断面の部材が破断に対してどの程度の塑性変形能力を有しているかを明らかにすることも，未解明な課題として残されている．

数少ない実大の合成梁を用いた実験では，兵庫県南部地震以前の接合部詳細（柱は箱形断面部材，梁はH形鋼，スカラップ有り）を再現し，かつ靱性の乏しい（0°Cシャルピー値で27 J前後）鋼材を用いた実大の試験体の塑性変形能力が，累積塑性変形倍率で1.5〜2程度と著しく小さくなることを示している[38]．続報では，接合部詳細をノンスカラップとすることで，塑性変形能力が累積塑性変形倍率で3.8程度まで向上したことを報告している[39]．これらの実験のセットアップを図2.17に，荷重-変形関係を図2.18に示す．破断により最大耐力が支配される場合は，劣化域でのエネルギー吸収能力はないことから，式（2.6）は

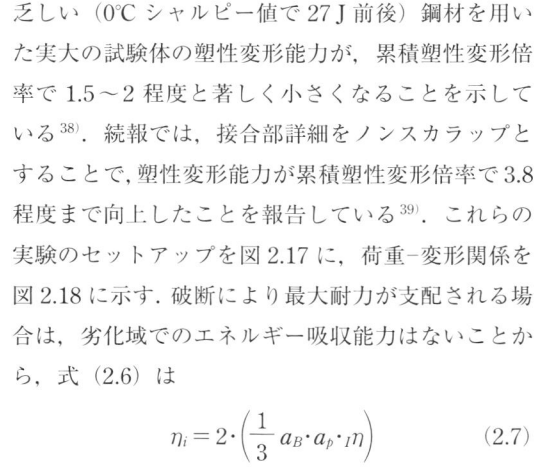

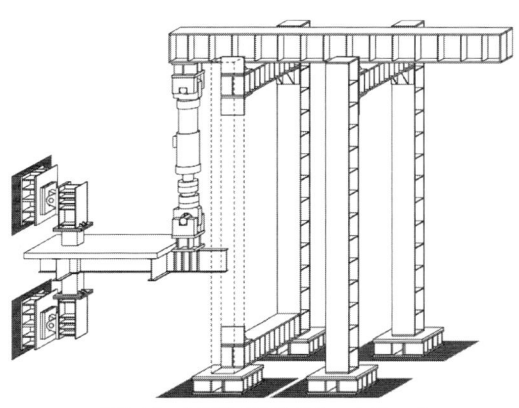

$$\eta_i = 2 \cdot \left( \frac{1}{3} a_B \cdot a_p \cdot {}_I n \right) \tag{2.7}$$

となる．

### ▶ 2.2.3 評価法の検討

エネルギーの釣合いに基づく耐震性能評価手法を確立・発展させるためのための研究は数多く行われているが，評価手法の妥当性を検証した研究はまだ少ないのが現状である．これまで行われた研究[40]では，局部座屈を伴う鋼部材について，最大耐力以降の劣化挙動やバウシンガー効果の影響も反映させた現実的な履歴モデルを用い，表2.1に示す構造ランクに応じた塑性変形能力[4]を有する鋼部材で構成した骨組を解析モデルとして，耐震性能の評価式の妥当性を検証している．この研究では，骨組の終局状態を「骨組を構成する部材がいずれも復元力を喪失していない限界の状態」と定義し，地震終了時に終局状態に至る限度の入力を行った際の吸収エネルギーの速度換算値を耐震性能の評価結果と比較し

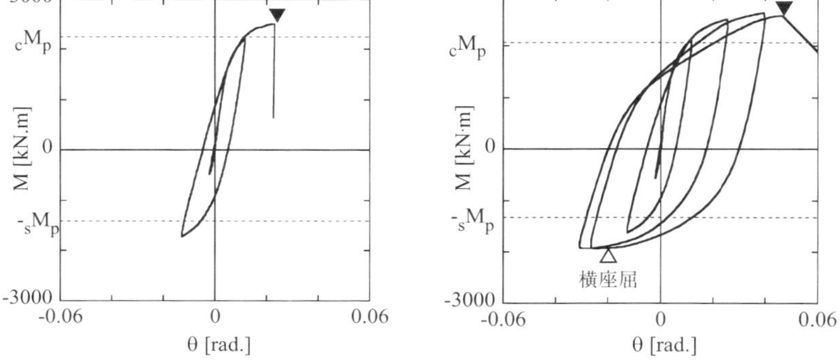

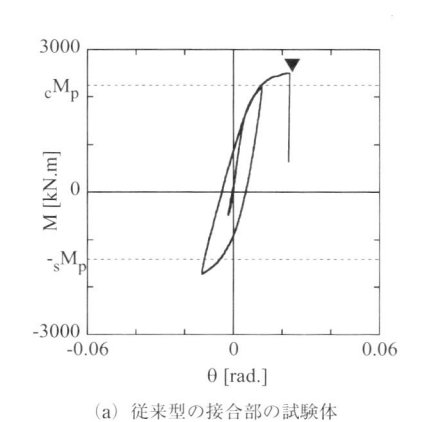

図2.17 合成梁の実験のセットアップ

(a) 従来型の接合部の試験体  (b) ノンスカラップの試験体

図2.18 合成梁の荷重-変形関係

(a) 柱の骨格曲線（軸力比 0.2）

(b) 柱の骨格曲線（軸力比 0.4）

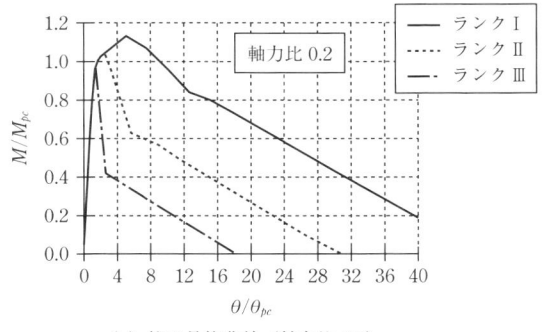

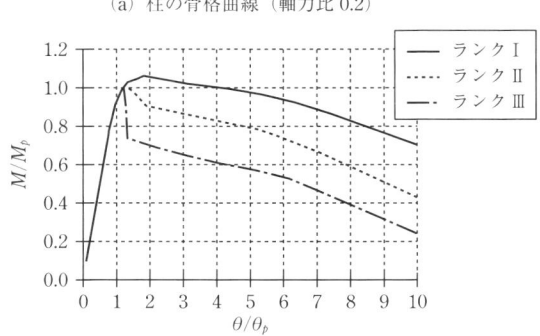

(c) 梁の骨格曲線

**図 2.19** 解析で用いられた部材の骨格曲線[40)]

**表 2.1** 構造ランクと部材の塑性変形能力[4)]

| 塑性化部位 | 構造ランク | | |
|---|---|---|---|
| | I | II | III |
| 柱 | 6 | 1.5 | 0 |
| 梁 | 3 | 0.75 | 0 |

幅厚比は
- 構造ランク I の場合，柱で $D/t=30$ 程度，梁で $b/t=9$，$d/w=41$ 程度
- 構造ランク II の場合，柱で $D/t=36$ 程度，梁で $b/t=11$，$d/w=50$ 程度
- 構造ランク III の場合，柱で $D/t=46$ 程度，梁で $b/t=15$，$d/w=68$ 程度

とした．なお鋼材は 400 MPa 級を想定している．

た．その結果，塑性化後ただちに復元力を喪失する構造ランク III の柱を用いる場合は危険側の評価をするが，構造ランク II の場合は概ね妥当な評価となり，塑性変形能力に富んだ構造ランク I の場合は，安全側の評価となることを明らかにしている．構造ランク III で危険側の評価となり，構造ランク I では安全側の評価となったのは，耐震性能の評価式において，部材が劣化域で吸収エネルギーを塑性変形能力にかかわらず塑性変形倍率で 2 倍と評価していることによる．この研究[40)] で用いられた部材の復元力特性における骨格曲線を，図 2.19 に例示するが，塑性変形能力の大きな部材は劣化域でのエネルギー吸収量も大きなものとなっていることがわかる．なお，これは部材の最大耐力が局部座屈によって決まることを前提とした研究であり，兵庫県南部地震で発生したような破断により部材の変形能力が支配される場合については，さらなる検討が必要である．

**参考文献**

1) 秋山　宏：建築物の耐震極限設計，東京大学出版会，1980.
2) 秋山　宏：エネルギーの釣り合いに基づく建築物の耐震設計，技法堂出版，1999.
3) 日本建築センター：エネルギーの釣合いに基づく耐震計算法の技術基準解説及び計算例とその意味，2005.
4) 日本建築学会編：建築耐震設計における保有耐力と変形性能，1990.
5) 加藤　勉，秋山　宏：鋼構造部材の耐力（その 2），日本建築学会論文報告集，149 号，17-23，1968.
6) 加藤　勉，秋山　宏：鋼構造部材の耐力（その 4），日本建築学会論文報告集，151 号，15-20，1968.
7) Lay, M. G.：Flange Local Buckling in Wide-Flange Shapes. *Journal of the Structural Division*, ASCE, **91** (ST6), 95-116, 1965.
8) Lay, M. G. & Galambos, T. V.：Inelastic Beams under

Moment Gradient. *Journal of the Structural Division*, ASCE, **91**(ST4), 381-399, 1967.

9) Lukey, A. F. & Adams, P. F.：Rotation Capacity of Beams under Moment Gradient, *Journal of the Structural Division*, ASCE, **95**(ST6), 1173-1188, 1969.

10) 田中 尚, 高梨晃一：プラスチックヒンジにおけるウェブ巾フランジ巾の制限に関する研究（I）. 日本建築学会論文報告集, 95号, 21-27, 1964.

11) 田中 尚, 高梨晃一：プラスチックヒンジにおけるウェブ巾フランジ巾の制限に関する研究（II）. 日本建築学会論文報告集, 99号, 9-13, 1964.

12) 加藤 勉：面内圧縮を受ける板の塑性崩壊について. 日本建築学会論文報告集, 107号, 37-42, 1965.

13) 加藤 勉, 福知保長：板要素の変形能力について. 日本建築学会論文報告集, 147号, 19-25, 1968.

14) 福知保長：モーメント勾配を有するはりのフランジ局部座屈と耐力について（その2・座屈荷重）. 日本建築学会論文報告集, 166号, 37-42, 1969.

15) 福知保長：モーメント勾配を有するはりのフランジ局部座屈と耐力について（その3・耐力）. 日本建築学会論文報告集, 174号, 21-25, 1970.

16) Climenhaga, J. J. & Johnson, R. P.：Moment-Rotation Curves for Locally Buckling Beams. *Journal of the Structural Division*, ASCE, **98**(ST6), 1239-1254, 1972.

17) 三谷 勲, 牧野 稔, 松井千秋：H形鋼柱の局部座屈後の変形性状に関する解析的研究その1―単調載荷を受ける場合―, 日本建築学会論文報告集, 296号, 37-47, 1980.

18) 三谷 勲, 牧野 稔, 松井千秋：H形鋼柱の局部座屈後の変形性状に関する解析的研究その2―繰り返し荷重を受ける場合―. 日本建築学会論文報告集, 301号, 77-87, 1981.

19) 奥田香二, 今井克彦, 黒羽啓明, 小川厚治：幅厚比の大きいH形断面曲げ材の変形挙動予測に関する研究. 日本建築学会構造系論文報告集, 411号, 83-96, 1990.

20) 鈴木敏郎, 金子洋文：鉄骨H形断面部材の連成局部座屈解析. 日本建築学会大会学術講演梗概集, 1307-1308, 1978.

21) 鈴木敏郎, 金子洋文：有限要素法による部材構成板要素の座屈及び座屈後挙動の大変形解析. 日本建築学会論文報告集, 316号, 9-17, 1982.

22) 鈴木敏郎, 金子洋文：H形断面短柱の構成板要素相互の連成作用の影響. 日本建築学会大会学術講演梗概集, 1909-1910, 1982.

23) Dawe, J. L. & Kulak, G. L.：Plate Instability of W Shapes. *Journal of Structural Engineering*. **110**(6), 1278-1291, 1984.

24) Dawe, J. L. & Kulak, G. L.：Local Buckling of W Shape Columns and Beams. *Journal of Structural Engineering*, **110**(6), 1292-1304, 1984.

25) Dawe, J. L. & Kulak, G. L.：Local Buckling Behavior of Beam-Columns. *Journal of Structural Engineering*, **112**(11), 2447-2461, 1986.

26) 鈴木敏郎, 小河利行, 五十嵐規矩夫：異種鋼材を用いたH形断面短柱の連成局部座屈性状に関する研究. 日本建築学会構造系論文報告集, 438号, 147-155, 1992.

27) 加藤 勉, 秋山 宏：鋼構造部材の変形特性. 日本建築学会大会学術講演梗概集, 1371-1372, 1977.

28) 加藤 勉, 秋山 宏, 帯 洋一：局部座屈を伴うH形断面部材の変形. 日本建築学会論文報告集, 257号, 49-57, 1977.

29) 加藤 勉, 秋山 宏, 北沢 進：局部座屈を伴う箱形断面部材の変形. 日本建築学会論文報告集, 268号, 71-76, 1978.

30) 奥田香二, 今井克彦, 黒羽啓明, 小川厚治：幅厚比の大きい溶接H形鋼ばりの変形挙動. 日本建築学会構造系論文報告集, 397号, 60-71, 1989.

31) 中島正愛, 森野捷輔, 古場覚司：鉄骨柱部材の耐力特性. 日本建築学会構造系論文報告集, 418号, 59-69, 1990.

32) 加藤 勉：閉断面部材の局部座屈と変形能力. 日本建築学会構造系論文報告集, 378号, 27-36, 1987.

33) 呉榮錫, 加藤 勉：H型断面鋼構造部材の塑性局部座屈と変形能力. 構造工学論文集, **34B**, 161-168, 1988.

34) 山田 哲, 秋山 宏, 桑村 仁：局部座屈を伴う箱形断面鋼部材の劣化域を含む終局挙動. 日本建築学会構造系論文報告集, 444号, 135-143, 1993.

35) 山田 哲, 秋山 宏, 桑村 仁：局部座屈を伴うH形断面鋼部材の劣化挙動. 日本建築学会構造系論文報告集, 454号, 179-186, 1993.

36) 日本建築学会近畿支部鉄骨構造部会：通しダイアフラム形式で角形鋼管柱に接合されるH形鋼梁の塑性変形能力に関する実大実験報告書, 1997.

37) 秋山 宏, 山田 哲, 松本由香, 松岡三郎, 大竹章夫, 杉本浩一：実大柱梁接合部の試験温度による延性破壊―脆性破壊遷移―. 日本建築学会構造系論文集, 522号, 105-112, 1999.

38) 岡田 健, 呉相勲, 山田 哲, 今枝知子, 山口路夫, 和田 章：従来型の柱梁接合部を有する合成梁の変形能力に関する実験的研究―合成梁の変形能力を反映した鋼構造骨組の耐震性評価その1―. 日本建築学会構造系論文集, 547号, 161-168, 2001.

39) 岡田 健, 山田 哲, 呉相勲：改良型の柱梁接合部を有する合成梁の変形能力に関する実験的研究―合成梁の変形能力を反映した鋼構造骨組の耐震性評

価その2—. 日本建築学会構造系論文集, 554号, 123-130, 2002.
40) 山田 哲, 秋山 宏：局部座屈を伴う鋼部材の挙動に立脚した多層骨組の弾塑性応答解析. 日本建築学会構造系論文集, 463号, 125-133, 1994.

# 3 鉄筋コンクリート造建築の耐震性

## 3.1 鉄筋コンクリート構造の歴史

　鉄筋コンクリート構造は，鉄筋とコンクリートで構成される複合構造であるが，コンクリートもセメント，水，骨材からなる複合材料である．セメントの起源は古く，ローマ時代には，すでにセメントに砂と砂利を混ぜたコンクリートでつくられた構造物が存在していたといわれている．この時代のセメントは，石灰石を焼いて粉砕したものだったらしい．現在使用されているセメントは，1756年イギリス人のジョン・スミートンが石造の灯台（図3.1）の建設時に粘土を含む石灰粉末が水によって硬化することを発見したのを機に開発が進み，1824年にイギリス人のジョセフ・アスプディンが特許を取るに至ったもので，その後も様々な改良が重ねられてきている．色がイギリスのポルトランド島から採掘される石材に似ていることからポルトランドセメントと呼ばれるようになった．

　セメントと砂，砂利を混ぜて水と反応させて固めたコンクリートは，圧縮力には強いが引張力には非常に弱く，曲げモーメントが作用する梁などには単独では使用できない．この曲げモーメントに対する補強として鉄筋を使用することは，18世紀後半にフランスで考えられたといわれている．ほぼ同時期に，コンクリートの補強材となる良質の鋼の大量生産方法として転炉法や平炉法などが開発され，鉄筋コンクリート構造の研究に拍車がかかった．

　日本では，慶応元（1865）年に横須賀造船所を起工するにあたり，フランスより30数名の技師を招聘し，セメントをフランスから輸入した．これをはじめとして，大量の建築材料が輸入されることとなり，特にセメントの輸入量は多いものであった．明治5（1872）年には工部省においてセメント製造の研究が始められ，明治6（1873）年深川に官営の工場を設けて国産セメントの製造が開始され，明治13

図3.1　ジョン・スミートンが近代セメントの製造法を発見するきっかけとなったエディストーン灯台[1]

図3.2　旧三井物産横浜支店

(1880) 年に竣工した上野博物館に国産セメントが使用された．明治初期の近代建築物は，主要な部位がレンガ造であり，鉄筋コンクリートは主として基礎や床などに使用されていた．本格的な鉄筋コンクリート構造の建造物は，明治 36 (1903) 年琵琶湖疎水に架けられた支間 7.5 m の橋が最初といわれている．建築物としては，明治 37 (1904) 年佐世保重工内のポンプ小屋が最初といわれているがはっきりしていない[2]．図 3.2 は横浜に建つ旧三井物産横浜支店 1 号館で，明治 44 (1911) 年に竣工した現存する日本で最も古い純鉄筋コンクリート構造の建物である．

## 3.2 鉄筋コンクリート構造の特徴

建築物に必要な性能は，使用性，耐久性，安全性であり，安全性には地震などの物理的な外力に対する構造安全性や火災に対する安全性のほか，第三者に対する安全性，防犯なども含まれる．

鉄筋コンクリート構造の安全性については後述するが，使用性と耐久性については，主として以下のような特徴がある．

(1) 使用性

コンクリートは比強度（材の密度に対する強度の比）が小さい材料であり，所要の強度を得るために必要な材料の量が大きくなり，梁や床に用いた場合に断面寸法が大きくなる．その結果，遮音性に優れていること，揺れや振動が小さいことなどから，共同住宅に適した構造であるといえる．

(2) 耐久性

鉄筋コンクリート建築物の耐久性を低下させる最大原因は鉄筋の腐食であり，コンクリートのひび割れは鉄筋腐食の発生と促進の最大の原因である．通常，コンクリートは強いアルカリ性で内部の鉄筋の発錆を防ぎ，良好な施工がなされていれば，周辺の気候によって劣化することも少なく耐久性に優れている．しかし，鉄筋コンクリート工事では，工程が複雑なため，品質が施工工程中の作業や環境の影響を受けやすく，また硬化後のコンクリートは乾燥収縮や小地震動でひび割れが発生しやすい．したがっ

て，特に海岸近くなど周辺環境が鉄筋に錆が発生しやすい場合には，防錆措置を施した鉄筋を用いるなどの対策も必要である．また，建設当初に予定した耐久性を維持するためには，常時の計画的な維持管理も重要であることを忘れてはならない．

## 3.3 耐震設計の概念

建築物に必要な性能は，安全で快適であることであり，常時使用していて支障がなく，突発的な事故や災害に対し安全でなければならない．構造設計とは，施主の希望のもとに建築物の構造設計目標を設定し，設計した建築物がこれらの性能を満足していることを検証することである．

建築物の構造設計の流れを図 3.3 に示す．目標性能を設定することは，ある外力に対して部材の変形や応力などの限界値を設定することである．そこで，最初に外力の正確な評価と設定，および，構造物の適正なモデル化が重要である．次に，外力の設定やモデルに適応した解析手法の選定と解析結果より得られる応力と変形に対する評価が重要である．

考慮すべき外力は，常時作用している常時荷重と，突発的に作用する非常時荷重とに分けられる．

考慮すべき性能として，常時荷重に対しては使用性能と安全性能であり，非常時荷重に対しては安全性能と再使用性能があげられる．また，設計時は考えられないほど稀に発生する偶発的な現象に対しても，建物が崩壊してしまうことがないような配慮が必要である．

常時荷重としては，建築物そのものの重さ，家具や人間など建築物を利用しているものの重さがあげ

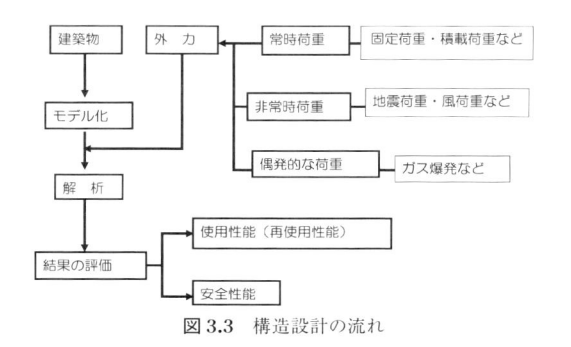

**図 3.3** 構造設計の流れ

られるが，水圧や土圧なども考えられる．建築物を長期間使用しても劣化しない耐久性能も必要であるが，これも環境条件を常時荷重として考えることができる．非常時荷重としては，地震や風が主なものであるが，火災なども考慮する必要がある．また，2011年東日本大震災以降，津波危険地域に建物を建てる際には津波波力に対する設計を行うことも検討されている．積雪は非常時荷重であるが，多雪地域では常時荷重として考慮する場合もある．

非常時荷重としてあげられる，地震荷重，風荷重，火災などに対して鉄筋コンクリート構造物は重量が重いので，地震荷重に対する性能確認を行うことで，風荷重に対する確認を省略する場合が多い．火災に対しても，2時間ないし3時間の火災に対して鉄筋の温度があまり高くならないような被り厚さを確保することで検証を省略することが多い．したがって，非常時荷重に対する性能としては，鉄筋コンクリート構造の場合，地震外力に対する安全性能の確認を行えばよい．

地震外力に対する安全性能の確認は，一般的には，2段階で検証している．建築物の供用期間中に何度か遭遇すると考えられる規模の地震外力（中小地震動）に対しては，地震後の修復にあまり費用をかけることなく使用できる（再使用性能）こと，供用期間中には遭遇する可能性がほとんどないほど大きな地震外力（大地震動）に対しては，建築物の財産価値がなくなるほどの被害を受けるかもしれないが人命は安全に保護できる（安全性能）ことを目標性能としている．

大地震動時に対する安全性能の確認は，弾塑性解析によって，建築物の終局耐力（保有水平耐力）を確認し，これが必要保有水平耐力以上であることを確認することとしている．必要保有水平耐力は，耐震要素の靱性能によって異なっていて，靱性能の大きな部材から構成されている建築物は，必要保有水平耐力は小さくてもよいが，耐震要素の靱性能が小さい場合には，大きな保有耐力が必要となる．これは，図3.4に示すように，部材が地震時に吸収できるエネルギーは，部材の耐力と変形能の積であり，このエネルギーの総和が地震によって建築物に作用しているエネルギーと等しいと考えているからである．

## 3.4 鉄筋コンクリート構造の耐震性能

鉄筋コンクリート造建物の地震被害については，本シリーズ第5巻『都市構造物の耐震補強技術』，第3章「RC構造物（建築）」の3.1節と3.2節に詳しく述べられているので，参照していただきたい．

鉄筋コンクリート構造において，主たる耐震要素となる鉛直部材は，柱と耐震壁であるが，耐震壁は，柱に比べて地震力に対する抵抗性能が高く，建築物の耐震性能に及ぼす影響が大きいので，耐震壁の配置計画は大変重要である．図3.5は1978年宮城県沖地震による被害と壁量との関係を志賀がまとめたも

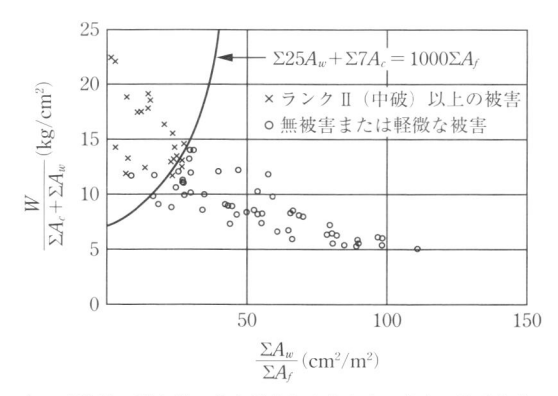

$A_w$：当該階の耐力壁のうち計算しようとする方向に設けたものの水平断面積（cm²）
$A_c$：当該階の構造耐力上主要な部分である柱の水平断面積および耐力壁以外の壁のうち計算しようとする方向に設けたものの水平断面積（cm²）
$W$：地震力を計算する場合における当該階が支える部分の固定荷重と積載荷重の和（kg）
$A_f$：当該階が支える部分の各階の床面積（m²）

**図 3.5** 1978年宮城県沖地震による鉄筋コンクリート造建築物の被害度（志賀）

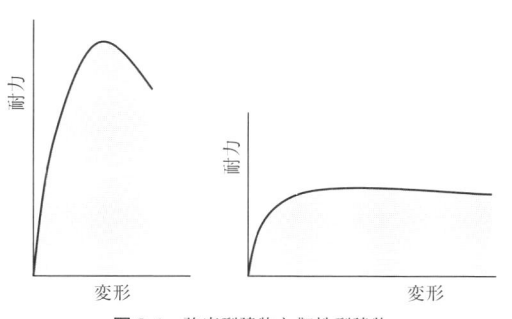

**図 3.4** 強度型建物と靱性型建物

のであるが，壁がある程度の量以上配置されている場合には，ほとんど被害が見られなかったことを示している[3)]．このように耐震壁は建物の耐震性に大きな役割をもっている．耐震壁を配することは，建物の耐震性を確保するうえで，大変効果的ではあるが，それだけに，耐震壁の配置に対しては十分な注意を払わなければならない．耐震壁を不用意に配すると，かえって，建物の耐震性を大きく損なう場合もある．ここでは，鉄筋コンクリート造建築物の耐震性能に大きな影響を及ぼす壁の配置の影響と構造計画上の留意点について述べる．

### a. 耐震壁の配置の影響

図 3.6 は，1995 年兵庫県南部地震に際し，ねじれにより層崩壊を起こした鉄筋コンクリート造建物である．この建物は交差点に建っており 4 階で層崩壊を起こしている．4 階平面を図 3.7 に示すが，道路に面した 2 面には大きな開口が設けられ，隣接する建物に面する 2 面は耐震壁が配置されて，そこにコ

図 3.6 ねじれによる層崩壊建物の例

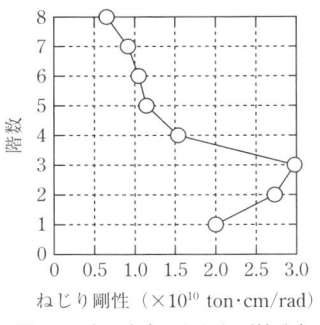

図 3.9 高さ方向のねじり剛性分布

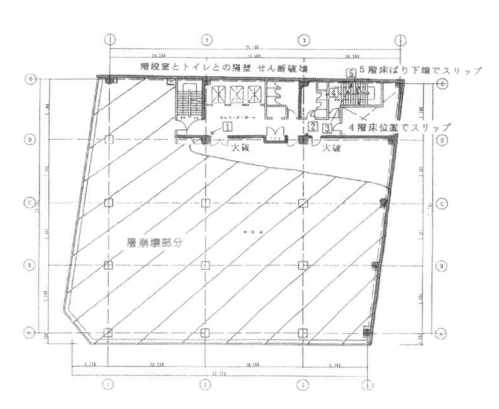

図 3.7 図 3.6 の建物の平面図

図 3.10 不整形な平面の建物のねじれによる層崩壊の例

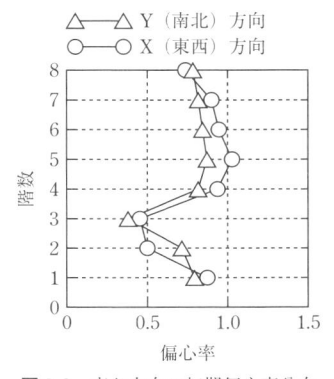

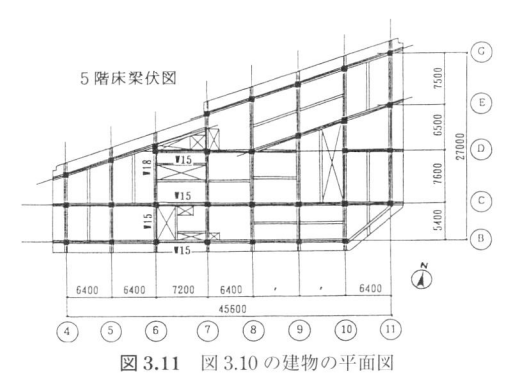

図 3.8 高さ方向の初期偏心率分布

図 3.11 図 3.10 の建物の平面図

図 3.12 解析例の建物

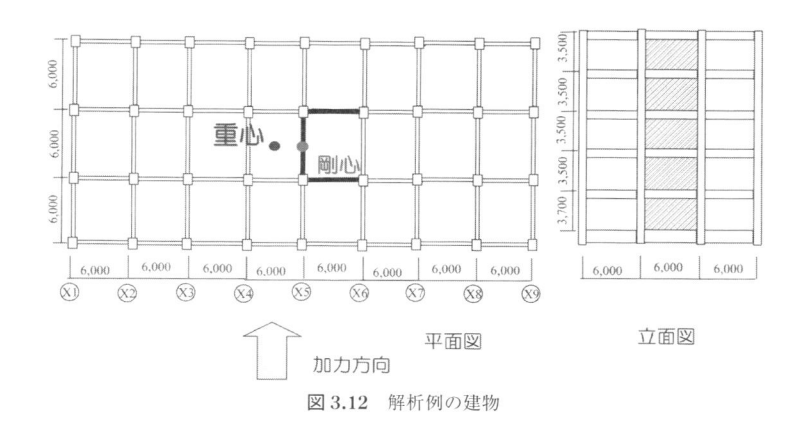

アが設けられている．X 方向，Y 方向とも耐震壁が偏在している偏心の大きな建物である．各層，各方向の偏心率の高さ方向の分布を図 3.8 に，各層のねじり剛性の高さ方向の分布を図 3.9 に示す[4]．全層にわたって大きな偏心率となっているが，3 層以下は，ねじり剛性が高いのに対し，4 層以上ではねじり剛性が低くなっている．ねじり剛性が急変する境界となっている 4 層で層崩壊を起こしたものと考えられる．図 3.10 は同様に建物の途中階でねじれによる層崩壊を起こしている．この建物の平面を図 3.11 に示すが，平面は台形をしており重量の中心が建物の中央になく，重心が偏心している例である．

一般に，重心と剛心が一致しない偏心建物は，耐震性が低下するが，損傷の過程で偏心率は時々刻々と変化するので，崩壊過程は複雑であり，偏心となっている要因が崩壊過程に及ぼす影響についても考慮が必要である．建物が地震時にねじり変形を起こす原因として，建物の図心に対して，耐震壁の偏在などによる剛性偏心，平面形が対称でない，セットバックしているなどの理由で重量が偏っている重量偏心，初期の剛性は偏心していないが耐力が対称でない耐力偏心がある．この偏心原因の違いにより建物の損傷過程は異なり，耐震性能に及ぼす影響は，初期の弾性剛性による偏心率だけではなく，耐震壁のひび割れ発生による剛性低下など損傷過程を考慮した詳細な検討が必要である．

**b. 損傷過程を考慮した偏心建物の耐震性能**

耐震壁は，初期剛性が高いが，せん断ひび割れ発生後は大きな剛性低下を起こす．この剛性低下によって，建物の偏心率や各耐震部材の耐力負担の割

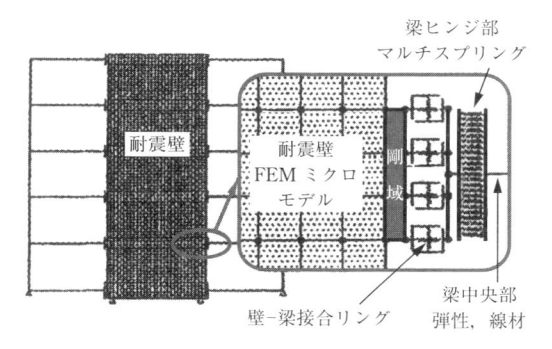

図 3.13 耐震壁および耐震壁と梁の接合解析モデル

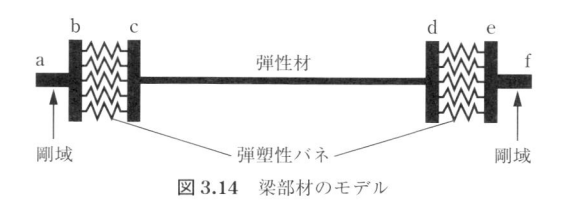

図 3.14 梁部材のモデル

合も大きく変化する．このような耐震壁の剛性低下が建物の耐震性能に及ぼす影響について，図 3.12 に示す 3 スパン×8 スパン，5 層の建物で検討した例を示す[5]．耐震壁の剛性低下を適切に考慮するために，耐震壁については図 3.13 に示すように面材として非線形 2 次元有限要素法により解析している．柱と梁は線材としているが，梁にも耐震壁により軸力の変動が生じるので，いずれの部材も図 3.14 に示すようにマルチスプリングモデルとしている．マルチスプリングモデルのコンクリートと鉄筋の応力とひずみの関係を図 3.15 に示す．

外力分布は，Ai 分布に基づいて算出し，計算ステップごとに計算したねじり剛性を考慮して，各階各フレーム（X1 から X9）に外力を配分している．

3.4 鉄筋コンクリート構造の耐震性能

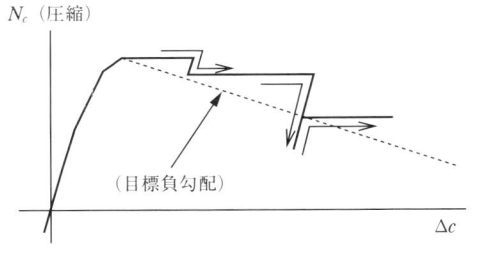

(a) コンクリートの応力ひずみ

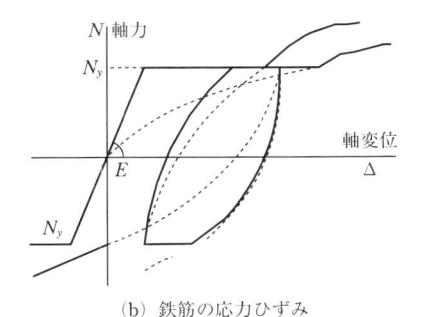

(b) 鉄筋の応力ひずみ

図 3.15 マルチスプリングモデルの材料モデル

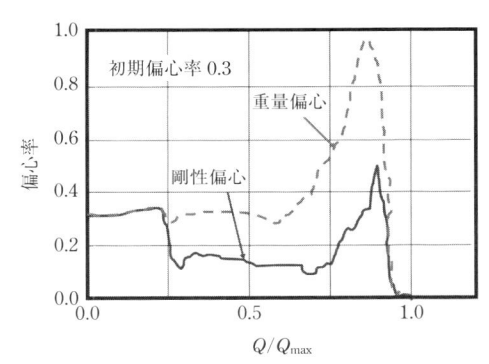

図 3.16 損傷過程に伴う瞬間偏心率の変動

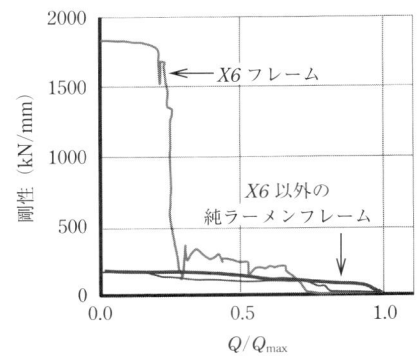

図 3.17 剛性偏心建物の各耐震要素の剛性変化

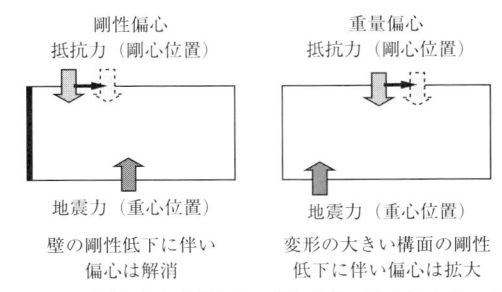

図 3.18 剛性偏心と重量偏心の損傷過程に伴う偏心率の変動モデル

$X6$ フレーム中央スパンに耐震壁を 1 枚配置した剛性偏心建物（初期偏心率 0.3）と中央の $X5$ フレーム中央スパンに耐震壁を配置して，初期偏心率が 0.3 となるように重心を偏心させた重量偏心建物の解析例を図 3.16 に示す．図 3.16 は，偏心の原因の相違が鉄筋コンクリート造建築物の耐震性能に及ぼす影響を，剛性偏心と重量偏心の場合について示したものである．図の縦軸は各荷重ステップにおける 1 階の偏心率を示し，横軸は各荷重ステップにおける 1 階の層せん断力を最大強度時の 1 階層せん断力で除して無次元化している．

初期の偏心率は両建物ともに，設定したように 0.3 であるが，剛性偏心建物は，耐震壁にひび割れが生じるとともに偏心率が減少しているのに対し，重量偏心建物は，耐震壁にひび割れが発生しても偏心率は変わらない．また，両建物とも最大耐力近くになって偏心率が急増している．図 3.17 に剛性偏心建物の各耐震要素の剛性の変化を示している．耐震壁が配されている $X6$ フレームの初期剛性は，純ラーメンである他のフレームに比べて高いが，せん断ひび割れ発生に伴って剛性低下を起こし，純ラーメンフレームとほぼ同じ剛性になっていることから，耐震壁のひび割れに伴って偏心率が減少していることがわかる．

剛性偏心建物と重量偏心建物の，偏心率変化のメカニズムを図 3.18 に模式的に示す．地震力は常に重量の中心（重心位置）に作用しているが，剛心は耐震要素の剛性変化に伴って常に変化している．剛性偏心建物は，図の左側にある剛性の大きな耐震要素の剛性低下に伴って剛心が右に移動して重心に近づいてくるのに対し，重量偏心建物は，せん断力負担割合の大きな重心近くのフレームが剛性低下を起こすと，剛心は右に移動して重心と剛心の位置はますます離れることになる．

このように，剛性偏心の場合は，せん断ひび割れ

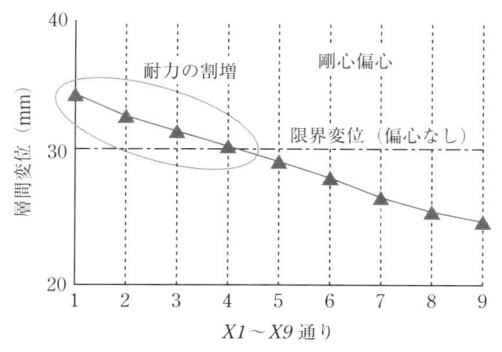

図 3.19　1 層の各構面の層間変位比較

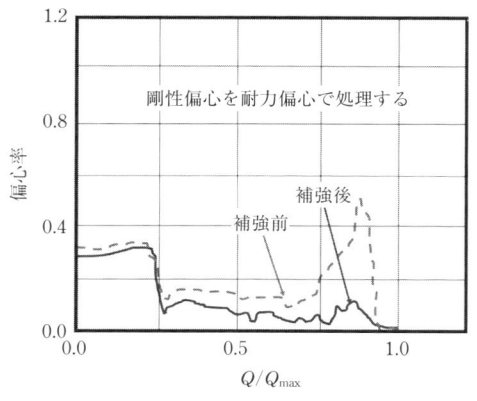

図 3.20　耐力割増前後の瞬間偏心率の変動比較

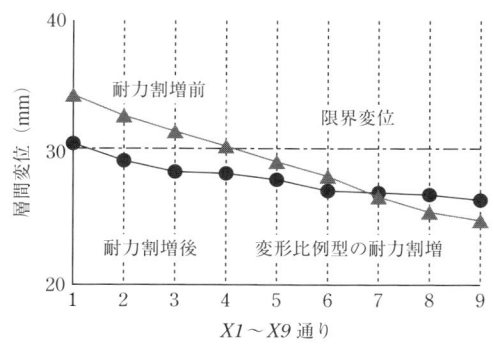

図 3.21　加力割増前後の 1 層の各構面の層間変位比較

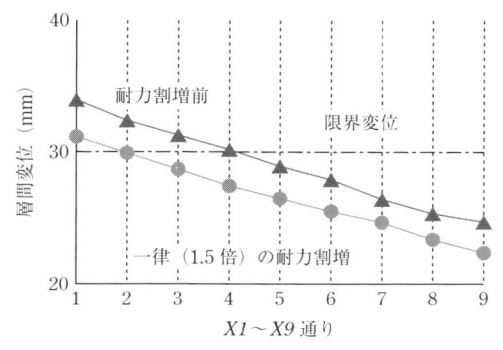

図 3.22　一律耐力割増前後の 1 層の各構面の層間変位比較

後は偏心率が解消されるようになるが，図 3.16 に見られるように最大耐力近くになって，フレームにも損傷が生じて剛性低下が始まると再び偏心率が大きくなっていく．一方重量偏心の場合は，耐震壁に損傷が生じても偏心率は変わらず，最大耐力近くになってフレームに損傷が生じ始めると偏心率はますます大きくなる．

$X6$ 通りに耐震壁を配置した初期偏心率 0.3 の建物の最大耐力時の各フレームの層間変位を図 3.19 に示す．$X9$ 通りに比べ $X1$ 通りの変形は大きく，建物全体が回転している．偏心のない建物の最大耐力時の変形と比較すると，$X1$ 通りから $X3$ 通りまでは大きな変形となり $X5$ 通りから $X9$ 通りまでは小さな値となっている．

そこで，$X1$ 通りから $X3$ 通りまでの柱の耐力を割り増した建物について検討を行っている．各フレームの耐力割増率は，偏心のない建物の変形に対する最大耐力時の変形の比率としている．偏心建物の変形が偏心のない建物の終局変形より小さな変形に収

まっている $X5$ 通りから $X9$ 通りまでの通りについては，割り増さないこととしている．耐力割増を行った建物と割増をしていない建物について，外力増加に伴う偏心率の変動について比較したものを図 3.20 に，各フレームの変形について比較したものを図 3.21 に示す．耐力割増を行った建物は全体的に偏心率が小さく抑えられており，特に最大耐力時の偏心が抑制されている．また，建物全体の回転角も小さく抑えられており，最も変形の大きな $X1$ フレームの変形も偏心のない建物と同程度となっている．

現行建築基準法では，偏心率が 0.3 の建物は偏心がないとしたものに対して，層の耐力を一律 1.5 倍することを求めている．層全体の耐力を 1.5 倍とした建物の各フレームの変形を，耐力を割り増していない建物の変形と比較して図 3.22 に示す．各フレームとも変形が小さく抑えられており，最も変形の小さな $X1$ 通りの変形も偏心のない建物とほぼ同じとなっているが，建物全体の回転は全く抑えられていない．建物がねじれによって回転変形をすると，隅柱は回転変形とともに，X 方向と Y 方向の 2 方向に

3.4　鉄筋コンクリート構造の耐震性能

地震動応答解析（神戸海洋気象台 NS 818gal）

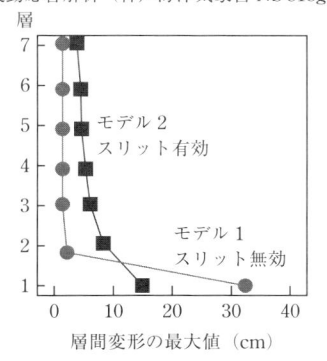

図3.27 スリットの効果に関する地震動応答解析結果

2×5 スパン，14 階建てマンション
桁行方向　純ラーメン構造　構造特性係数 $D_s = 0.3$ で設計
梁間方向　連層耐震壁構造　構造特性係数 $D_s = 0.4$ で設計

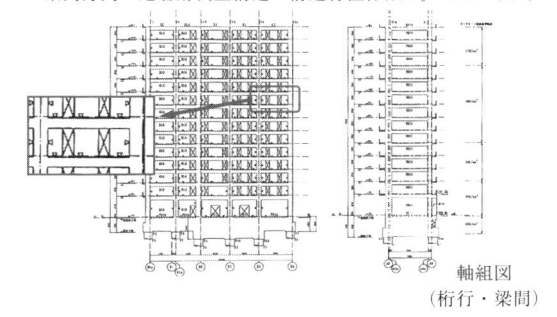

軸組図
（桁行・梁間）

図3.28 検討建物立面図

コンクリート強度　27〜36 Mpa
鉄筋強度　SD390
柱断面　1050×1000 mm
梁断面　9000×7700 mm（2F）〜7500×7700 mm（R）

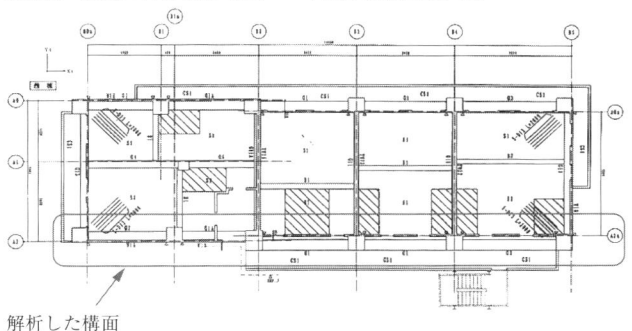

図3.29 検討建物基準階伏図

曲げ変形・せん断変形を考慮したバネ

そで壁付き柱は（柱に比較して）柱高さに比べ全せいが長い
せん断変形成分が大きい

剛域　弾塑性軸バネ（コンクリート・鉄筋）

そで壁付き柱のせん断剛性低下率には耐震壁の剛性低下率

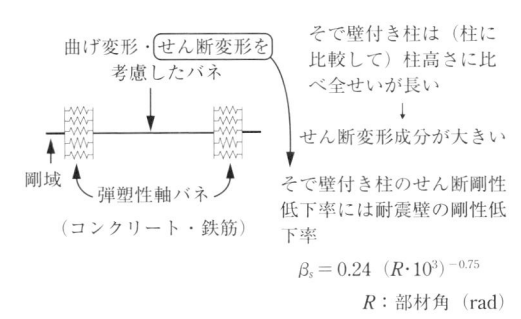

$\beta_s = 0.24 \, (R \cdot 10^3)^{-0.75}$

$R$：部材角（rad）

図3.30 そで壁付き柱のマクロモデル

上階はほとんど変形していないことを示している．この結果から芳村・岩淵は，この建物の地震被害はスリットが有効に働かなかったことが原因であるとしている．

そで壁を非構造部材とするためには，完全に縁を切ることが重要であるが，常時の性能や施工性から考えると，そで壁を柱と一体につくることが望ましい．特に，そで壁の長さが短い場合には縁を切ることは難しい．そで壁にスリットを設けなかった場合，建物の耐震性能に及ぼすそで壁長さの影響について検討してみる[7]．図3.28, 3.29に検討対象とした14階建て共同住宅の立面と平面を示す．対象構面は最外縁の構面とし，全ての柱に一様のそで壁を設け，スリットは設けないものとしている．そで壁の長さは，柱せいの0.5倍（A025-05），1倍（A025-10）1.5倍（A025-15）とし，そで壁のないもの（A000-00）と比較した．

そで壁付き柱のモデルは，図3.30に示すように，マルチスプリングモデルを使用し，変断面部材の曲げ耐力を正確に把握するとともに，軸力変動による曲げ降伏モーメントの変動を考慮している．そで壁付柱は，柱に比べてせん断変形とせん断ひび割れによる剛性低下が大きいので，マルチスプリングモデルの中央弾性部にせん断バネを設け，せん断剛性の非線形性を考慮している．せん断剛性低下率は図

3.4 鉄筋コンクリート構造の耐震性能

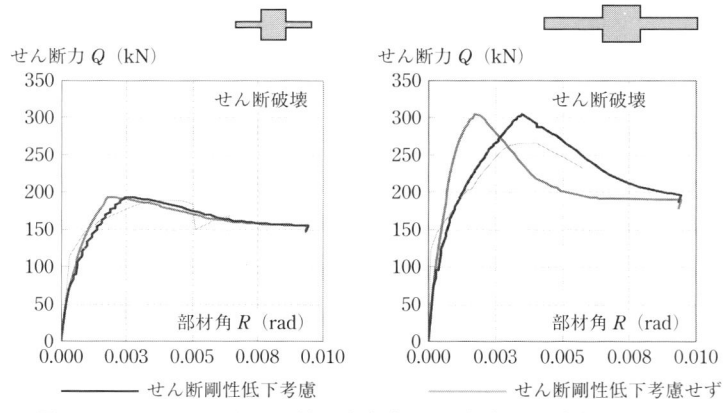

**図3.31** マクロモデルとそで壁付き柱実験との比較（せん断破壊した試験体）

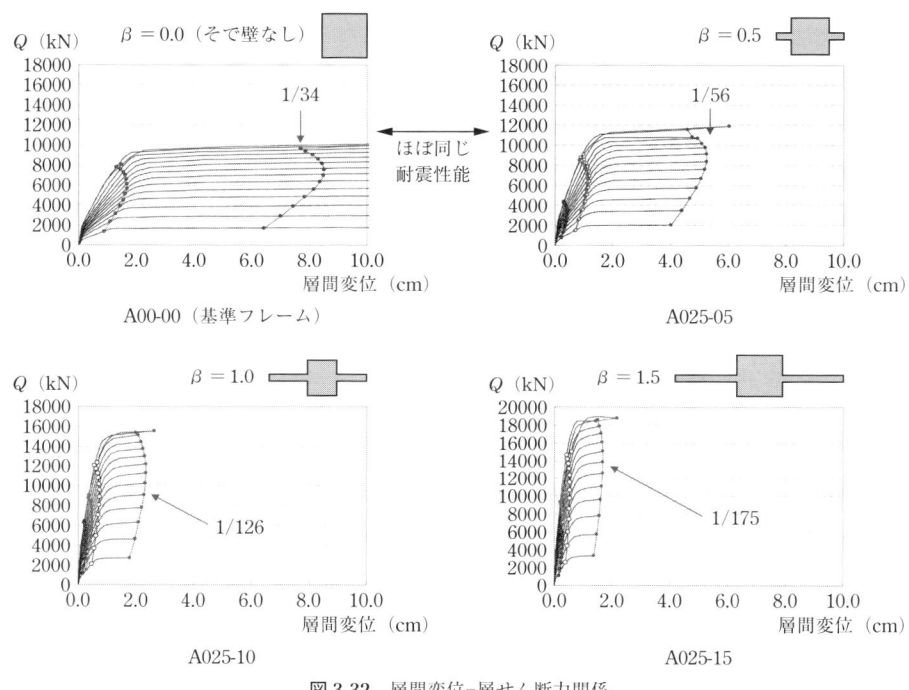

**図3.32** 層間変位-層せん断力関係
Q：層せん断力，B：そで壁長さ/柱せい

3.30に示すように，耐震壁に提案されているモデルを使用している．

マルチスプリングモデルのそで壁付き柱への適用性について図3.31に示す．せん断剛性低下を考慮したマルチスプリングモデルは，そで壁付き柱のせん断実験結果とよく一致している．

$A_i$分布を基準とした外力分布で行った静的な増分解析の結果を図3.32に示す．そで壁の長さが長くなるにつれて，耐力が高くなるが，崩壊時の変形が小さくなっている．この4タイプの耐震性能を比較するために，限界耐力法による検討を行い，その結果を図3.33に示す．

中地震動に対応する損傷限界①を許容応力度，損傷限界②をそで壁にせん断ひび割れが発生するときとし，大地震動に対応する安全限界としては，層崩壊が起こるとき，または，最大層間変形角が1/50に達したときとした．

中地震動時の応答では，そで壁がないものとそで壁が柱せいの1.5倍の場合には，損傷限界①である許容応力度に収まっている．そで壁が柱せいの0.5

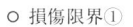

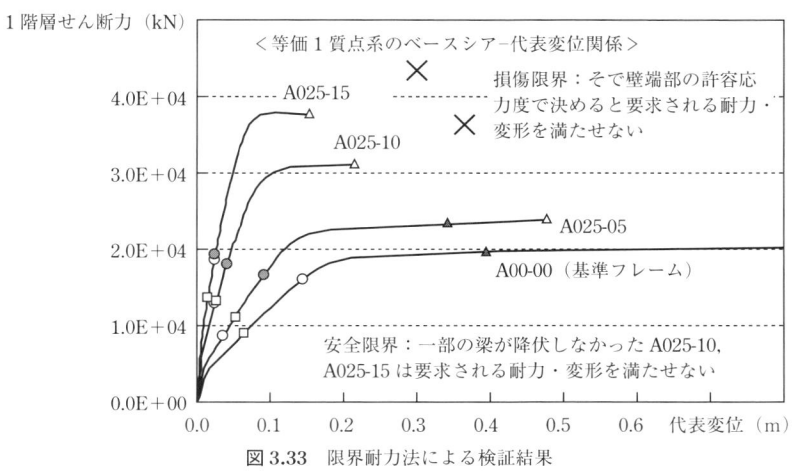

図3.33 限界耐力法による検証結果

倍のモデルと1.0倍のモデルは，許容応力度を満足しないものの，損傷限界②である柱のせん断ひび割れ発生以下に収まっている．

大地震動時の応答を見ると，そで壁のないモデルとそで壁が柱せいの0.5倍のモデルでは限界変形は応答変形より大きく耐震性能を満足しているものの，そで壁が柱せいの1.0倍と1.5倍のモデルは応答値が限界変形を上回っており耐震安全性能を満足していない．これは，そで壁付き柱に接続している梁が，境界梁の効果から，せん断破壊を生じているためである．

そで壁は，その長さが柱せいの0.5倍程度であればスリットを設ける必要はないが，柱せいの1.0倍以上のそで壁が柱に付く場合には確実なスリットを設けるか，境界梁のせん断補強をするなど何らかの対処が必要となる．

## 参考文献

1) 林　静雄，清水昭之：鉄筋コンクリート構造（建築学入門シリーズ），森北出版，2004.
2) 大橋雄二：日本建築構造基準変遷史，日本建築センター出版部，1997.
3) 建築物の構造関係規準解説書編集委員会（編）：2007年版　建築物の構造関係基準解説書，全国官報販売協会組合，2007.
4) 阪神・淡路大震災調査報告編集委員会（編）：阪神・淡路大震災被害調査報告―鉄筋コンクリート造建築物―，日本建築学会，1998.
5) 大村哲矢，林　静雄：耐震壁が偏在する鉄筋コンクリート造建物の耐震安全性に関する評価．日本建築学会構造系論文報告集，522号，99-104，1999.
6) 芳村　学，岩淵一徳：1995年兵庫県南部地震により崩壊したピロティーを有する鉄筋コンクリート建物の非線形解析．日本建築学会構造系論文集，486号，75-84，1996.
7) 大宮　幸，林　静雄：袖壁がRC骨組みの耐力および変形性能に及ぼす影響．コンクリート工学年次論文報告集，**24**(2)，469-474，2002.

# 4 木質構造物の耐震性

木材を用いた構造物は，木構造と称されているが，近年は，木材を原料として再構成した材料である木質材料が多かれ少なかれ用いられているので，木質構造という用語が用いられている．

本章では，木質構造物の耐震性を示すにあたり，それらの主要な部分を占めるもののうち，筆者らがこれまでに行ってきた研究内容を記述して示している．具体的には，在来軸組構法でよく用いられる接合部の力学的挙動，水平力に対する耐力要素の力学的挙動，水平構面の力学的挙動，モーメント抵抗接合部の力学的挙動を示している．

## 4.1 軸組架構柱-横架材接合部の力学的挙動

### ▶ 4.1.1 接合部設計

柱，横架材，筋かいなどの各部材間の接合部は，応力を伝達させる役割をもっている．応力が想定通りに伝達されないと部材の能力を発揮させることは不可能である．伝達する応力として，軸力，曲げモーメント，せん断力，ねじりなどが考えられるが，軸組構法においては，主に，軸力とせん断力を伝達する必要がある．また，接合形式によっては，接合部が負担する曲げモーメントも無視できない場合が多いので，その挙動も把握しておく必要がある．鉄筋コンクリートでは型枠内に配筋をした後にコンクリートを流し込むことにより，鉄骨構造ではボルト接合や溶接により，接合部を母材より強くつくることは容易である．しかしながら，木材はめり込みだけが唯一靭性のある挙動を示すので，一般的には，接合部を母材より強くつくることはない．母材を破壊させないように十分な余裕をもたせて接合部を降伏させ，靭性をもたせる場合がほとんどである．

### ▶ 4.1.2 接合部の引張・曲げ・せん断性能

#### a. 試験体

試験体一覧を表 4.1 に示す．ここに示したものは，軸組構法でよく用いられているものと同等品である．なお，HD2 試験体には柱と金物の間にエポキシ接着剤を併用している．1 方向載荷試験 1 体，繰返し載荷試験 3 体の計 4 体ずつ試験を行った．

柱にはスプルース集成材，横架材にはオウシュウ

**表 4.1** 接合部の力学的挙動を調べるために対象とした試験体（○：実行したもの）

| 名称 | 短ほぞ | かすがい | 1枚ハンチ型 | 2枚ハンチ型 | | 内使いL型 | | | ホールダウン | |
|---|---|---|---|---|---|---|---|---|---|---|
| | | | | SC1 | SC2 | FC5x2 | FC5x1 | FC3x2 | HD1 | HD2 |
| 試験体形状 | | | | | | | | | | |
| 引張 | − | ○ | − | ○ | ○ | ○ | ○ | ○ | ○ | ○ |
| 曲げ | ○ | ○ | ○ | ○ | ○ | ○ | ○ | ○ | − | − |
| せん断 | ○ | ○ | ○ | ○ | ○ | ○ | − | − | − | − |

表 4.2　材料特性

| 用途 | 樹種 | 等級 | $E_b$ (GPa) | $F_b$ (MPa) | 含水率 (%) | 比重 |
|---|---|---|---|---|---|---|
| 柱 | スプルース | E95F315 | 9.1 | 46.1 | 18.0 | 0.459 |
| 横架材 | オウシュウアカマツ | E95F315 | 10.6 | 48.4 | 15.6 | 0.507 |

$E_b$：曲げヤング係数，$F_b$：曲げ材料強度

アカマツ集成材（ともに同一等級 E95F315）を用いた．材料特性を表 4.2 に示す．柱-横架材接合部には金物のほかに，短ほぞ（30 mm×85 mm×52 mm）を併用している．FC5x1，FC3x2 試験体は横架材のせいを 180 mm，幅を 105 mm とし，その他の試験体は横架材のせいと幅それぞれを 105 mm とした．柱の断面は全て 105 mm 角である．

**b. 引張性能**

引張実験のセットアップおよび計測を図 4.1 に示す．単調載荷と繰返し載荷の結果のひとつとして図 4.2 に SC1 試験体の場合を示す．図 4.3 に実験より得られた包絡線の比較を示す．

HD2 試験体の結果において，変形が 2 mm 付近で耐力が低下しているのは，エポキシ接着剤が剥がれたためであり，5 mm 付近からまた荷重が上昇し始めたのは，柱に通したボルトが木に接触し，荷重を負担し始めたためである．荷重が 20 kN 程度まではほぼ変形を 0 に抑えられている．

FC5x1 試験体と FC5x2 試験体では横架材に打たれたビスの引抜けにより変形が進行したが，FC3x2 試験体では柱に打たれたビスのせん断変形により変形が進行した．また，同じ金物を 2 個付けることにより，剛性・耐力の上昇を見込むことが可能といえるが，個数分の効果はない．

引張実験の結果より，新耐震設計基準以前につくられた木造住宅に接合金物として比較的多く使われ

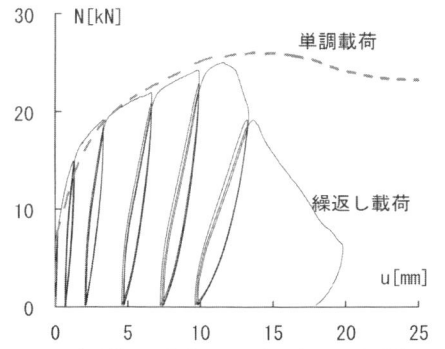

図 4.2　SC1 試験体の引張力 $N$-相対変位 $u$ 関係（単調と繰返し載荷の比較）

図 4.3　引張力 $N$-相対変位 $u$ 関係

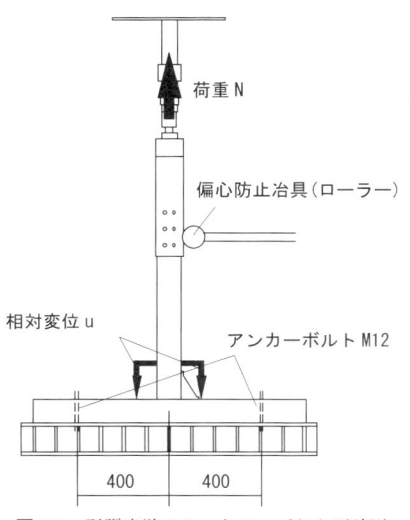

図 4.1　引張実験のセットアップおよび計測

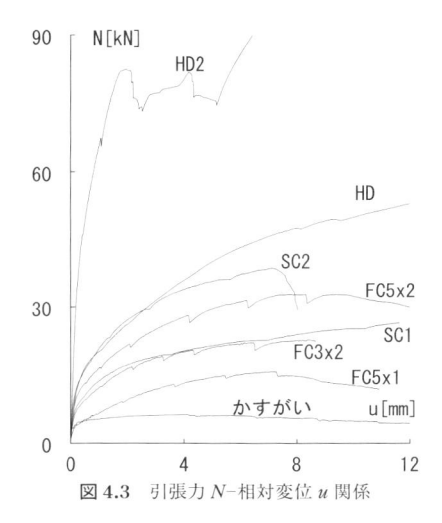

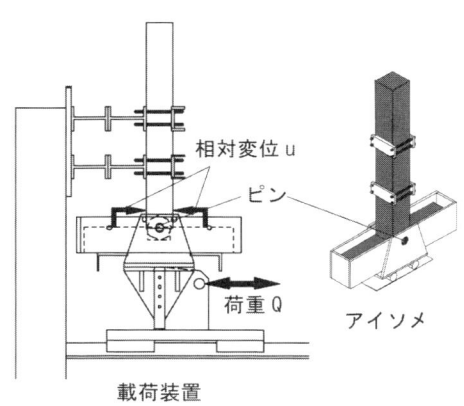

図 4.4　せん断実験のセットアップおよび計測

(a) 単調と繰返し載荷の比較例（SC1）　　(b) 正側一方向載荷　　(c) 負側一方向載荷

図 4.5　せん断力 $Q$-相対変位 $u$ 関係

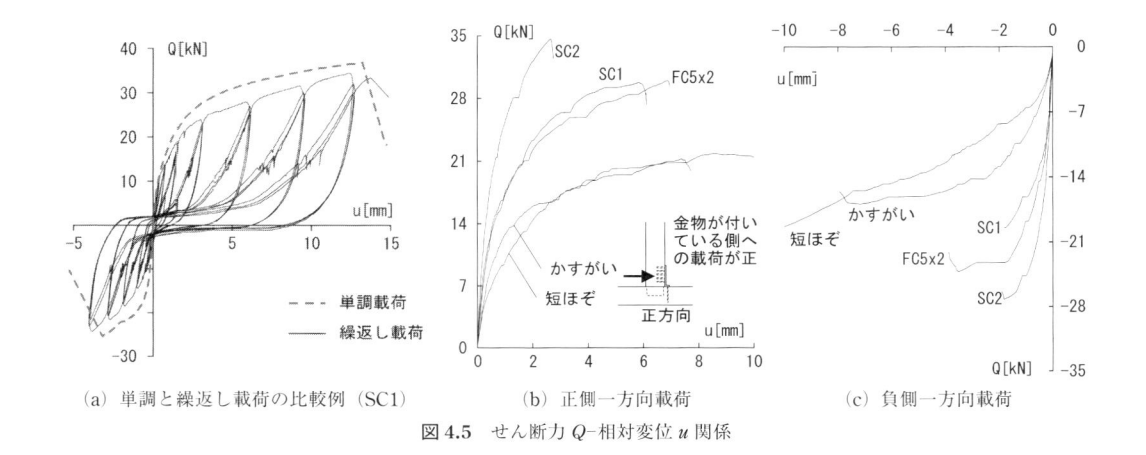

たかすがいは，耐力，剛性とも低いことがわかる．

#### c. せん断性能

せん断実験のセットアップおよび計測を図 4.4 に示す．この載荷装置は柱と土台の接合面位置で回転可能となっており，接合部に対する曲げの影響はほとんどなく，せん断力のみを作用させることが可能となっている．

単調載荷と繰返し載荷の結果のひとつとして図 4.5 (a) に SC1 試験体のせん断力-変位関係を，図 4.5 (b)，(c) に実験より得られた包絡線の比較を示す．

全ての試験体が，変形 1 mm 未満で 5 kN 以上の荷重に耐えることができた．これにより，せん断力に対しては短ほぞだけである程度のせん断力を期待できることがわかる．

金物が取り付けてある側に加力される場合は金物が柱にめり込むことにより粘りのある曲線を描くが，その反対側に加力される場合はビスが効いているため，変形が抑えられ，取り付けてある側に加力される場合よりも小さい変形で破壊に至る．

耐力の高い金物を使用した試験体ほど靱性に乏しい．同じ金物の数を 1 個から 2 個に増やしても，引張実験同様，剛性・耐力とも 2 倍にはならず，約 1.5 倍増加した程度であった．ほぼ全ての試験体が柱の割裂により脆性的に破壊した．

#### d. 曲げ性能

曲げ実験のセットアップおよび計測を図 4.6 に示す．全試験体で柱と横架材の相対変位 $u$ と柱の加力点の水平力 $F$ を計測した．載荷装置の加力位置は土台の上面から 700 mm（HD2 試験体のみ 900 mm）とした．水平力 $F$ に土台上面からの高さを乗じて，接合部が負担する曲げモーメント $M$ とし，図 4.6 のように 2 点で計測した．変位の差を 2 点間の距離で除すことで相対回転角 $\theta$ を求めた．

単調載荷と繰返し載荷の結果のひとつとして図 4.7(a) に SC1 試験体の曲げモーメント $M$-相対回転角 $\theta$ 関係を，図 4.7(b)，(c) に実験より得られた包絡線の比較を示す．

全ての試験体において，せん断実験とは異なり，金物が取り付けていない側に加力した方が高い耐力を示した．せん断実験に比べ，金物が取り付けてある側とその反対側との耐力や剛性の差が顕著に現れている．1/60 rad 程度の変形では破壊に至らず，耐力も全く低下しなかった．

かすがいは，繰返し載荷を受けることにより，緩んで抜け出してきてしまい，ほとんど短ほぞのみで抵抗している状況になり，短ほぞのみの結果とほぼ同程度の耐力・剛性であった．HD2 試験体は，曲げに対しても他の金物に比べ大きな剛性，耐力を有している．

同じ金物の数を 1 個から 2 個に増やしても，剛性・耐力とも 2 倍にはならず，金物が取り付けてある側への変形では約 1.5 倍増加した程度であり，その反対方向への変形ではほとんど増加していない．

短ほぞのみとかすがいを用いた接合部は，モーメントに対してほとんど抵抗しないので，回転に対してピン接合に近いと考えられる．

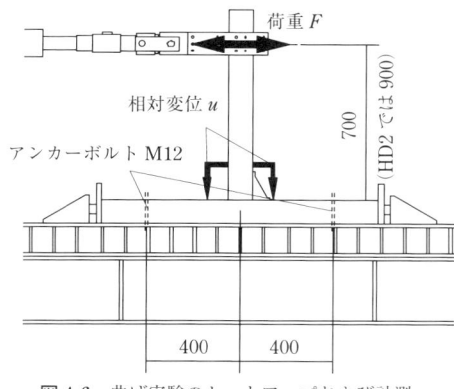

**図 4.6** 曲げ実験のセットアップおよび計測

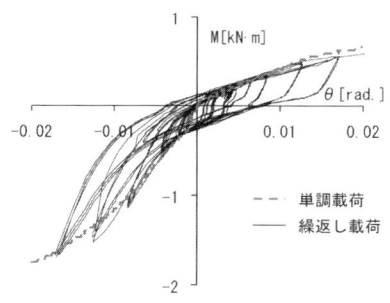

(a) 単調と繰返し載荷の比較例（SC1）

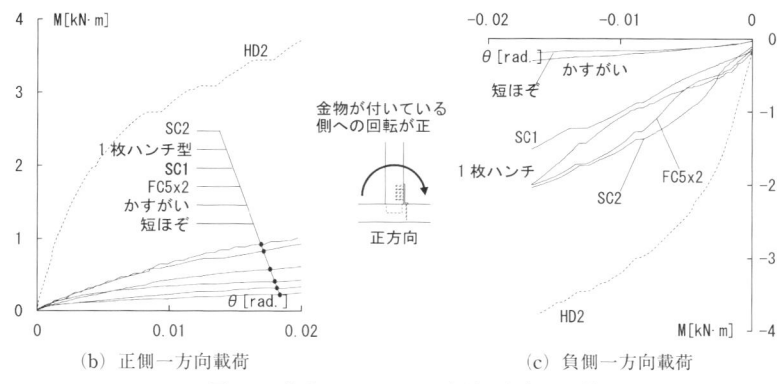

(b) 正側一方向載荷

(c) 負側一方向載荷

**図 4.7** 曲げモーメント $M$－相対回転角 $\theta$ 関係

▶ **4.1.3 接合部の力学モデル**

**a. 接合部構成要素の復元力特性**

試験体接合部に用いたビス・引寄せボルト単体の復元力特性のモデル化を以下のようにした.

(1) ビスの引張力－引抜け変位関係

図 4.8 に横架材に打ち付けたビスの引抜き実験の試験方法と計測方法を示す．集成材（E95F315 オウシュウアカマツ）の繊維直角方向に打ち込んだビスに加力を行った．試験体一覧を表 4.3 に示す．各試験体で 1 方向載荷試験 1 体，目標変位到達後に荷重を 0 にして再載荷する繰返し試験（以下，片振り繰返し試験）3 体の計 4 体ずつ試験を行った.

引張力 $P$－引抜け変位 $u_{pull}$ 関係の包絡線を図 4.9 (a) に示す．ビス間隔の影響で，BD13 試験体のビス 1 本が負担する引張力が BS 試験体よりも小さくなった．図 4.9 (b) に示すように除荷時は除荷点 ($u_i$, $P_i$) から初期剛性 $K_{ini}$ で $0.8P_i$ まで進行し，その後 ($0.1u_i$, $0.0$) まで進行するモデルとした.

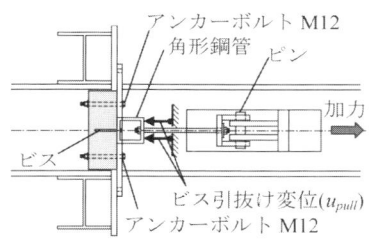

**図 4.8** ビス引抜実験の試験方法と計測方法

**表 4.3** ビス引抜き実験試験体一覧

| 試験体名称 | BS | BD13 |
|---|---|---|
| ビス種類 | B90 | B90 |
| ビス間隔 | – | 13 mm |
| 鋼管厚さ | 12 mm | 12 mm |

BS 試験体はビスが 1 本，BD13 試験体はビスが 2 本打ち付けられている.

(2) ビスのせん断力－すべり関係

柱に打ち付けたビスのせん断実験の試験方法と計測方法を図 4.10 に示す．集成材（E95F315 スプルース）に鋼板を介してビスを打ち込み，鋼板をチャックで固定し繊維直角方向に加力を行った．試験体一覧を表 4.4 に示す．ビス間隔とは加力方向と平行に

4.1 軸組架構柱－横架材接合部の力学的挙動

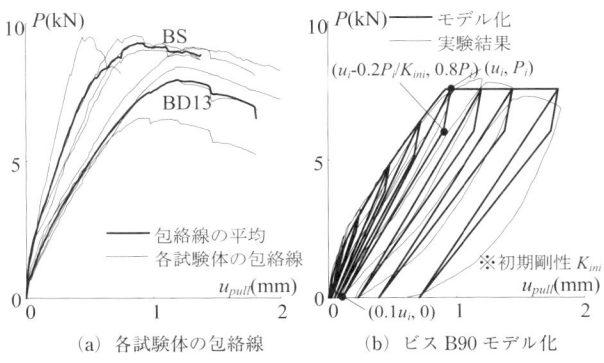

図 4.9 ビス 1 本の引張力 $P$–引抜け変位 $u_{pull}$ 関係

(a) 各試験体の包絡線
(b) ビス B90 モデル化

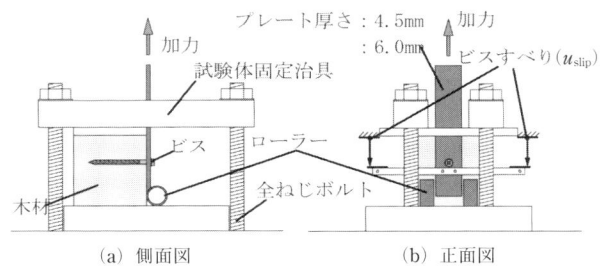

図 4.10 ビスせん断実験の試験方法と計測方法

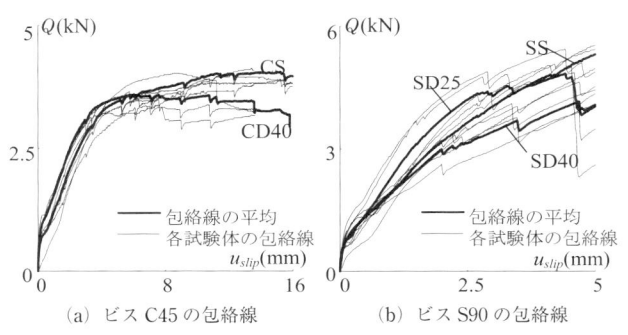

(a) 側面図
(b) 正面図

図 4.11 ビス 1 本のせん断力 $Q$–すべり $u_{ship}$ 関係（実験結果）

(a) ビス C45 の包絡線
(b) ビス S90 の包絡線

表 4.4 ビスせん断実験の試験体一覧

| 試験体名称 | CS | SS | CD40 | SD40 | SD25 |
|---|---|---|---|---|---|
| ビス種類 | C45 | S90 | C45 | S90 | S90 |
| ビス間隔 | — | — | 40 mm | 40 mm | 25 mm |
| プレート厚さ | 4.5 mm | 6 mm | 4.5 mm | 6 mm | 6 mm |

CS, SS 試験体はビスが 1 本，CD40, SD40, SD25 試験体はビスが 2 本打たれている．ビス間隔は加力平行方向の間隔とする．

打ち付けたビスの間隔である．各試験体で 1 方向載荷試験 1 体，片振り繰返し載荷試験 3 体の計 4 体ずつ試験を行った．せん断力 $Q$–すべり $u_{slip}$ 関係における包絡線の比較を図 4.11 に示す．

CS 試験体の包絡線と CD40 試験体のビス 1 本分の包絡線の平均を曲線式（図 4.12）で表し，ビス C45

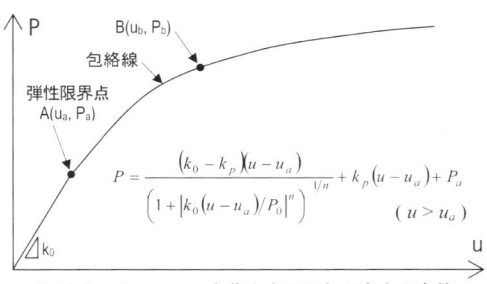

$$P = \frac{(k_0 - k_p)(u - u_a)}{\left(1 + \left|k_0(u - u_a)/P_0\right|^n\right)^{1/n}} + k_p(u - u_a) + P_a$$

$(u > u_a)$

・$P_0$ は $P = P_b$，$u = u_b$ を代入することで求まる定数
・$n$ は包絡線のふくらみを表す係数
・途中から剛性を 0 にすることも可

図 4.12 包絡線モデル[1]

の包絡線とした．また，SS 試験体の包絡線と SD25，SD40 試験体のビス 1 本分の包絡線の平均を曲線式

54　　4. 木質構造物の耐震性

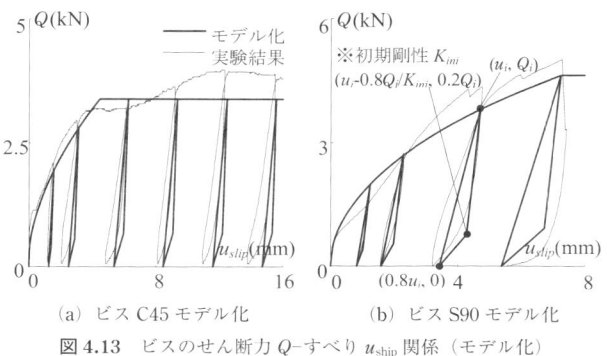

**図 4.13** ビスのせん断力 $Q$–すべり $u_{\text{ship}}$ 関係（モデル化）

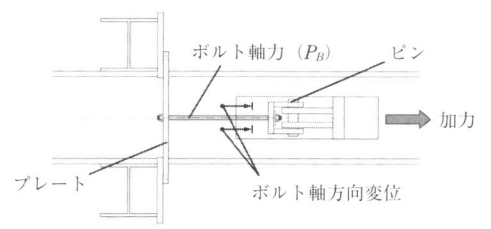

(a) ビス C45 モデル化
(b) ビス S90 モデル化

**図 4.14** 引寄せボルト引張実験の試験方法と計測方法

（図 4.12）で表し，ビス S90 試験体の包絡線とした．図 4.13 に示すように除荷時は除荷点 ($u_i$, $P_i$) から初期剛性 $K_{ini}$ で $0.2P_i$ まで進行し，その後は点 ($0.8u_i$, 0.0) まで進行するモデルとした．

(3) 引寄せボルトの軸力–軸方向変位関係

図 4.14 に引寄せボルト引張実験の試験方法と計測方法を示す．試験体は首下長さ 360, 700, 900 mm の引寄せボルトの測定間距離 $L$ をそれぞれ 330, 630, 785 mm としたものを用いた．それぞれ L330, L630, L785 と表す．各試験体で 1 方向載荷試験 1 体，片振り繰返し載荷試験 3 体の計 4 体ずつ試験を行った．軸力 $P_B$–軸方向変位 $u_B$ 関係の包絡線の平均およびそのモデル化を図 4.15 に示す．各試験体の包絡線の平均を曲線式（図 4.12）で表した．除荷時は除荷点 ($u_i$, $P_i$) から荷重 0 の点まで初期剛性 $K_{ini}$ とした．

ボルトの初期の軸剛性は有効断面積 $A_{s,\,nom}$（= 157 mm$^2$），ヤング係数 $E$（= 205 GPa）を用いて算出した弾性剛性（= $AE/L$）と概ねよい対応を示した．ボルトの強度区分（4.6）から算出した最大軸力および保証軸力を図 4.15 に破線で示す．

**b. 接合部における釣合い**

接合部の応力状態を仮定し，接合部構成要素の復元力特性を用いて試験体接合部の断面解析を行う．各試験体の柱軸方向力 $N$–柱と横架材の相対変位 $u$ および曲げモーメント $M$–柱と横架材の相対回転角 $\theta$ を算出し，接合部実験との比較によりその妥当性を示す．

(1) 柱軸方向力が作用する接合部の応力状態

一例として 1K-D 試験体の接合部の応力状態を図 4.16 に示す．接合部に作用する柱軸方向力 $N$ に対しビス・引寄せボルトの軸方向バネで抵抗するモデルとした．軸方向力 $T_B$ に対しては，引寄せボルト L330

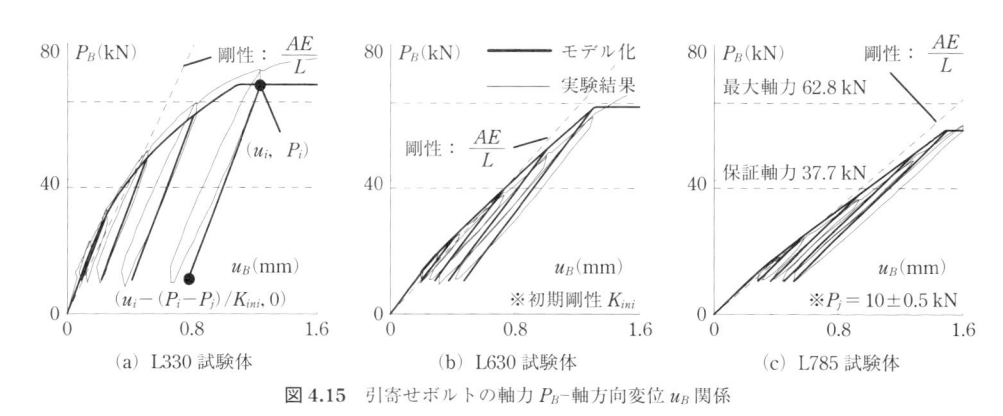

(a) L330 試験体
(b) L630 試験体
(c) L785 試験体

**図 4.15** 引寄せボルトの軸力 $P_B$–軸方向変位 $u_B$ 関係

の軸力-軸方向変位関係のバネと，ビス S90 のせん断力-すべり関係の包絡線をビス本数倍したバネが抵抗し，軸方向力 $T_F$ に対しては，ビス B90 の引張力-引抜け変位関係の包絡線をビス本数倍したバネと，ビス C45 のせん断力-すべり関係の包絡線をビス本数倍したバネが抵抗する．接合部に作用する柱軸方向力 $N$ は $T_B$ と $T_F$ の和で算出されるモデルとした．各試験体の柱軸方向力 $N$-柱と横架材の相対変位 $u$ 関係について実験結果と危険断面における応力状態から求めた解析結果の比較を図 4.17 に示す．ビスが柱に群に打ちつけられた 1K-D 試験体は解析結果が実験結果よりも若干高くなっているが，各試験体で解析結果と実験結果はよい対応を示している．

(2) 曲げが作用する接合部の応力状態

一例として 1K-D 試験体の接合部の応力状態を図 4.18 に示す．$T_B$, $T_F$ はそれぞれ前述した軸方向バネを用いて算出した．接合部めり込み部のひずみは三角形分布とし，余長部の長さはめり込み縁から中立

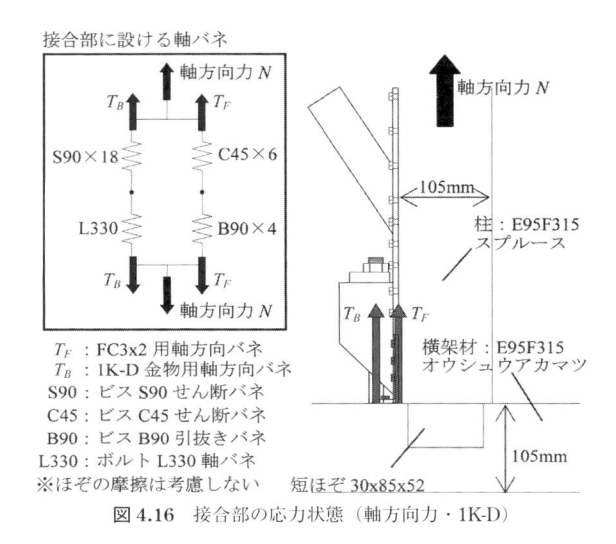

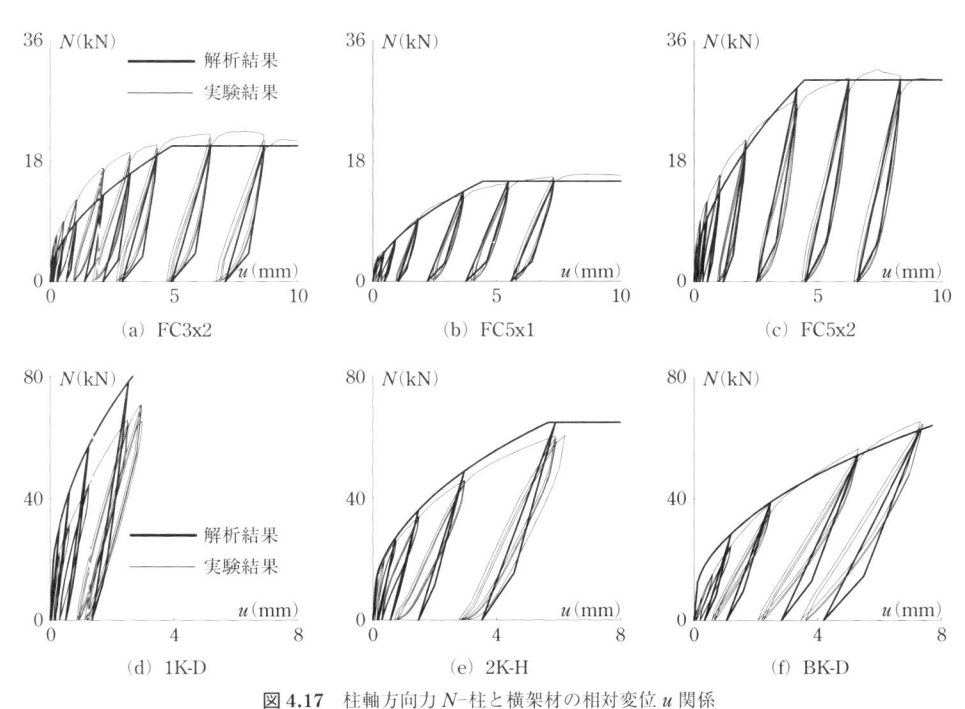

**図 4.16** 接合部の応力状態（軸方向力・1K-D）

**図 4.17** 柱軸方向力 $N$-柱と横架材の相対変位 $u$ 関係

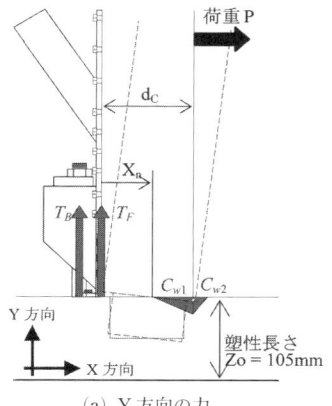

(a) Y方向の力

$T_F$：FC3x2用軸方向バネ
$T_B$：1K-D 金物用軸方向バネ
$C_{w1}$：接合部めり込み部のσ-ε関係は柱軸方加力実験から算出した
$C_{w2}$：接合部めり込み部（余長部）$(d_C - X_n)/2$ の領域が作用するとした

(b) X方向の力

$F_1$：横架材に打ち付けられたビスのせん断バネ
$C_{h1}$：ほぞめり込み部のσ-ε関係は $C_{w1}$, $C_{w2}$ と同様とした
$C_{h2}$：ほぞめり込み部のσ-ε関係は $C_{w1}$, $C_{w2}$ と同様とした

図 4.18 接合部の応力状態（曲げ・1K-D）

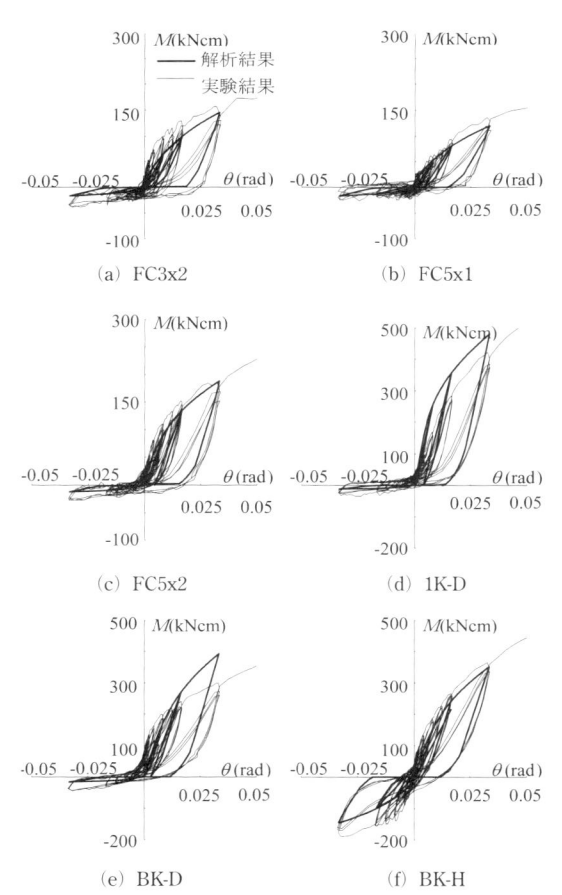

(a) FC3x2
(b) FC5x1
(c) FC5x2
(d) 1K-D
(e) BK-D
(f) BK-H

図 4.19 曲げモーメント $M$–柱と横架材の相対回転角 $\theta$ 関係

軸までの長さの半分であると仮定して $C_{w1}$, $C_{w2}$ を算出した．力の釣合いから定まる X 方向，Y 方向の中立軸位置 $X_n$, $Y_n$ からほぞめり込み部のひずみを求め，$C_{h1}$, $C_{h2}$ を算出した．Y 方向，X 方向，曲げモーメントの力の釣合式を式（4.1），（4.2），（4.3）に示す．

$$\Sigma Y = 0 \quad T_B + T_F + C_{w1} - C_{w2} = 0 \quad (4.1)$$

$$\Sigma X = 0 \quad P + F_1 + C_{h1} - C_{h2} = 0 \quad (4.2)$$

$$\Sigma M = 0 \quad P \times H_c + {}_{cw1}M + {}_{cw2}M$$
$$+ {}_{TF}M + {}_{TB}M + {}_{ch1}M - {}_{ch2}M \quad (4.3)$$

$H_c$ は加力点高さ，${}_{cw1}M$ は $C_{w1}$ によるモーメントを表す．まず Y 方向の力の釣合いから収れん計算により $X_n$ を算出した．次に $X_n$ を固定し，X 方向の力と曲げモーメントの釣合いから収れん計算により $Y_n$ を算出した．各試験体の曲げモーメント $M$–柱と横架材の相対回転角 $\theta$ 関係について実験結果と解析結果の比較を図 4.19 に示す．各試験体で解析結果と実験結果は概ねよい対応を示している．

▶ 4.1.4 接合部の履歴モデル

4.1.3 項で示した断面における応力状態から求めた解析に基づき，接合部の履歴モデルの提案を行う．さらに提案履歴モデルを用いたフレーム解析を行い，軸組木質架構実験と比較する．

4.1 軸組架構柱–横架材接合部の力学的挙動

(a) 正負方向

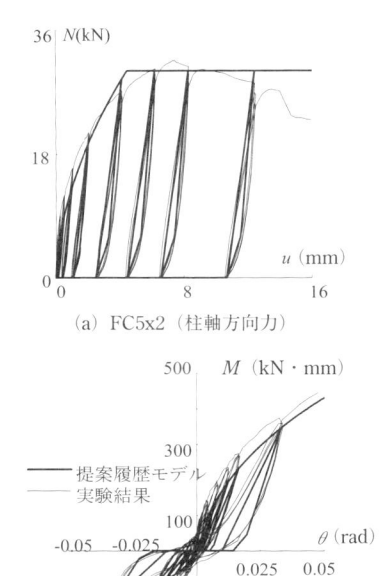

(b) 正方向のみ拡大

図4.20 接合部履歴モデル

(a) FC5x2（柱軸方向力）

(b) BK-H（曲げ）

図4.21 提案履歴モデルと接合部実験の比較

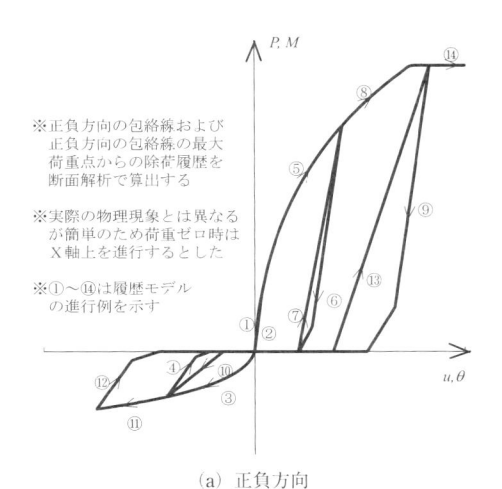

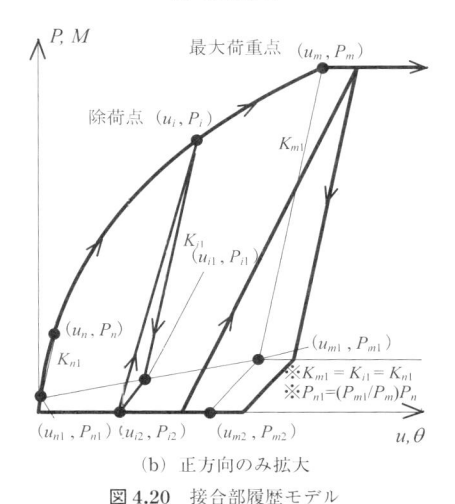

### a. 履歴モデルの提案

図4.20に提案履歴モデルを示す．包絡線は4.1.3項で示した断面における応力状態から求めた解析から算出し，その結果を曲線式（図4.12）で表した．除荷時の履歴は，包絡線の最大荷重点からの除荷折れ線を基準とし，除荷が生じる点の変形に応じて算出する．包絡線の最大荷重点からの除荷折れ線は，1) 最大荷重点 ($u_m$, $P_m$)，2) 最終折れ点 ($u_{m1}$, $P_{m1}$)，3) 残留変形点 ($u_{m2}$, $P_{m2}$) の3点を直線で結んだものである．2) と3) の点は断面解析により求めている．繰返し履歴は以下の条件に基づくものである（図4.20 (a)）．

- 経験点を更新する載荷時は包絡線上を進行する（①，⑤，⑧，⑭および③，⑪）
- $u_i < u_n$（正側），$u_i > u_n$（負側）での除荷時は原点 (0, 0) を指向する（②）
- $u_n < u_i < u_m$（正側），$u_n > u_i > u_m$（負側）での除荷時は，$u_m$ からの除荷時の履歴をもとに変形の比により荷重が減少する（④，⑥，⑫）
- $u_i > u_m$（正側），$u_i < u_m$（負側）での除荷時は，$u_m$ からの除荷履歴と同様の履歴形状により荷重が減少する（⑨）
- $u > 0.7u_{i2}$（正側），$u < 0.7u_{i2}$（負側）での再載荷は除荷点 ($u_i$, $P_i$) を指向し，$u < 0.7u_{i2}$（正側），$u > 0.7u_{i2}$（負側）では点 ($0.7u_{i2}$, $P_{i2}$) まで進行した後，除荷点 ($u_i$, $P_i$) を指向する（⑦，⑩，⑬）

($u_n$, $P_n$) は原点から剛性 $K_{m1}$ の直線を描き包絡線と交わる点とする．提案履歴モデルと接合部実験の比較の代表例として，FC5x2試験体（柱軸方向加力実験）およびBK-H試験体（曲げ実験）を図4.21に示す．載荷時の包絡線および包絡線の最大荷重点からの除荷履歴を断面における応力状態から求めた解析により算出し，それを基準履歴として繰返し履歴を求めることで，提案履歴モデルと実験結果はよい対応を示している．

### b. 提案履歴モデルを用いたフレーム解析

ビス・引寄せボルトを接合部に用いた軸組木質架構にa.に示した履歴モデルを適用し，フレーム解析

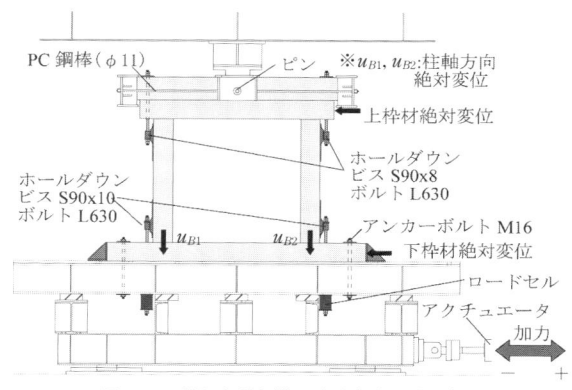

**図 4.22** 軸組木質架構の試験方法と計測方法

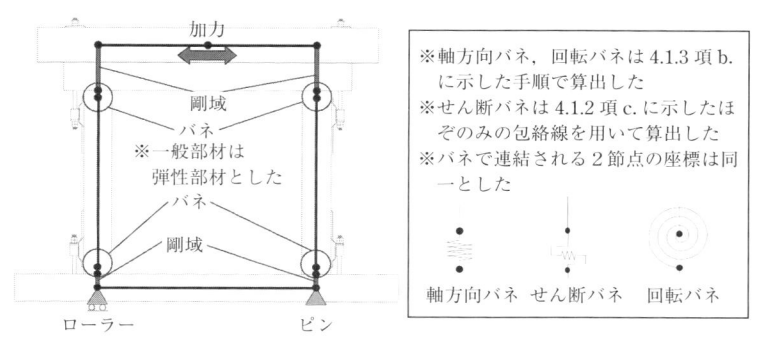

**図 4.23** 軸組木質架構の解析モデル

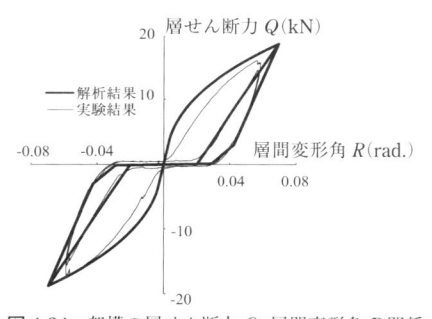

※軸方向バネ，回転バネは 4.1.3 項 b. に示した手順で算出した
※せん断バネは 4.1.2 項 c. に示したほぞのみの包絡線を用いて算出した
※バネで連結される2節点の座標は同一とした

**図 4.24** 架構の層せん断力 $Q$-層間変形角 $R$ 関係

を行った．図 4.22 に解析対象とした軸組木質架構の試験方法と計測方法を示す．試験体を M16 アンカーボルトで鉄骨治具に固定し，上枠材中央をピン支持，下枠材をローラー支持として加力を行った．

図 4.23 に解析モデルを示す．部材は曲げ変形，せん断変形，軸方向変形を考慮した弾性部材とした．柱横架材接合部には 4.1.3 項に基づいた軸方向バネおよび回転バネ，短ほぞのせん断抵抗を考慮したせん断バネを設けた．柱が横架材にめり込む方向の軸方向バネの包絡線は，4.1.2 項の柱軸方向加力実験の包絡線を曲線式（図 4.12）で表したものとし，除荷は初期剛性とした．せん断バネの包絡線は 4.1.2 項で行った短ほぞのせん断実験のデータを用いて算出した．

図 4.24 に架構の層せん断力 $Q$-層間変形角 $R$ 関係を示す．フレーム解析と軸組木質架構実験は概ねよい対応を示している．

## 4.2 軸組木質架構における耐力要素の力学的挙動

### ▶ 4.2.1 耐力要素の役割

構造物には，地震や風などの外乱が作用する．軸組木質架構は，基本的にトラス構造であり，ここに筋かいなどを用いた軸組系の壁や合板などを用いた面材系の壁がないと地震や風などに抵抗することはできない．このような従来用いられてきた壁は耐力壁といわれているが，筆者らが開発したような制振壁も水平力に抵抗する要素であることから，ここでは，それらを総称して耐力要素という．

表 4.5 動的強制変形実験の試験体一覧

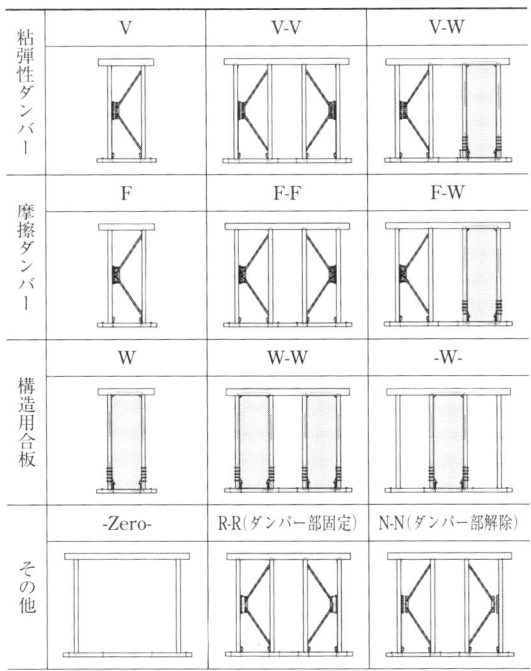

| 粘弾性ダンパー | V | V-V | V-W |
| --- | --- | --- | --- |
| 摩擦ダンパー | F | F-F | F-W |
| 構造用合板 | W | W-W | -W- |
| その他 | -Zero- | R-R(ダンパー部固定) | N-N(ダンパー部解除) |

V:粘弾性ダンパー，F:摩擦ダンパー，W:構造用合板，R:ダンパー部固定，N:ダンパー部解除

▶ 4.2.2 強制変形に対する耐力要素の挙動

**a. 制振壁・耐力壁の動的強制変形実験**

(1) 実験概要

試験体の一覧を表 4.5 に，サイズおよび樹種を図 4.25 に示す．高さは 2730 mm で，壁長さは 1P の試験体と 3P の試験体がある．1P の試験体は粘弾性ダンパーによる制振壁，摩擦ダンパーによる制振壁，構造用合板による耐力壁の 3 種類であり，3P の試験体はそれらを組み合わせて作製した．また，その他として両側に柱のみをもつ試験体，本項の後半で行う制振壁の耐力評価のために K 型ブレースのダンパーが取り付く部分を固定および解除した試験体がある．

以後，本節において V は粘弾性ダンパー制振壁 (viscoelastic)，F は摩擦ダンパー制振壁 (friction)，W は構造用合板 (wood panel)，- は耐力壁が存在しないこと，Zero は柱も要素が存在しないこと，R および N は K 型ブレースのダンパー部を固定 (rigid) および解除 (no damper) した壁を意味する．

図 4.26 に示すように，実験は一般的な柱脚固定式の載荷方法であるが，載荷を動的に行っている．図 4.27 (a) の実線に示す載荷サイクルに従い，アクチュエータの引きを正として各 3 サイクルずつ正弦波変位制御の正負交番繰返し載荷とした．各載荷サイクルは連続して加振せず，各層間変形角 3 サイクルずつ止め，載荷を行った．図 4.27 (a) 破線は動的載荷での各サイクルにおける振動数を示すものであり，図 4.27 (b) のように制振架構を導入した木質住宅の履歴の骨格曲線を仮定し，そのモデルの等価剛性を用いて決定している．

(2) 桁の回転角

図 4.28 に粘弾性ダンパー系・摩擦ダンパー系・構造用合板系試験体の各変形角における桁の回転角

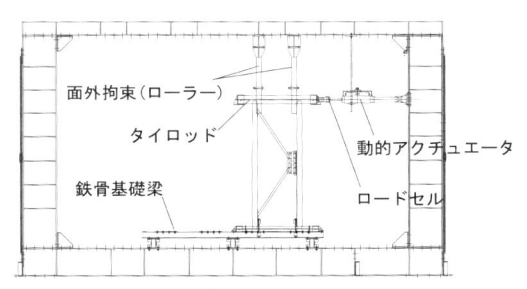

図 4.26 動的強制変形実験のセットアップ（1P の場合）

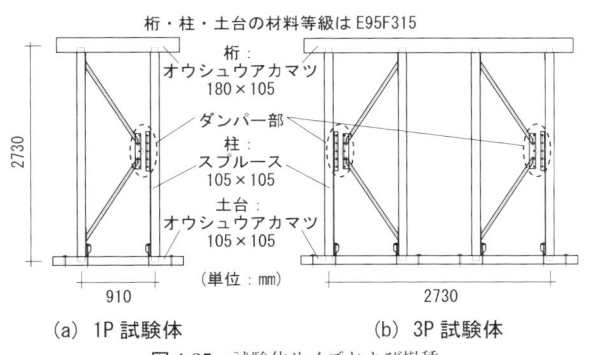

図 4.25 試験体サイズおよび樹種
(a) 1P 試験体　(b) 3P 試験体

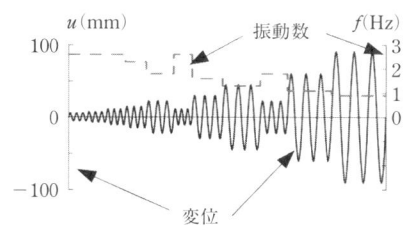

(a) 変位履歴および振動数

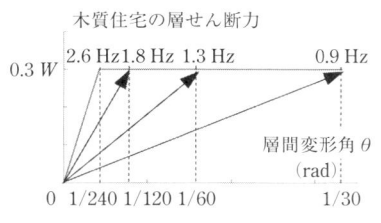

(b) 仮定した木質住宅の骨格曲線

**図 4.27** 加振スケジュール

の変動を示す．ここで桁の回転角は，各ステップの層間変形が最大になったときの値で，両端の柱位置における桁の上下動から求めている．どの種類の壁でも，壁長が1Pの試験体は3Pの試験体より桁の回転角が大きくなっていることがわかる．それぞれの特徴については以下に記述する．

**(3) 粘弾性ダンパー制振壁の実験結果**

粘弾性ダンパーを有する試験体に関して，図 4.29 (a) に層せん断力と層間変形の関係，図 4.29 (b) にダンパーの荷重と変形の関係を示す．V-V 試験体では2つあるダンパーの履歴はほぼ一致したため，左側のダンパーのみ示している．

粘弾性ダンパーを有する試験体ではダンパーの特性を反映して楕円の履歴を描いている．変形が大き

(a) 粘弾性ダンパー系　　(b) 摩擦ダンパー系　　(c) 構造用合板系

**図 4.28** 桁の回転角の変動

(a) 層せん断力と層間変形の関係

(b) ダンパーの荷重と変形の関係

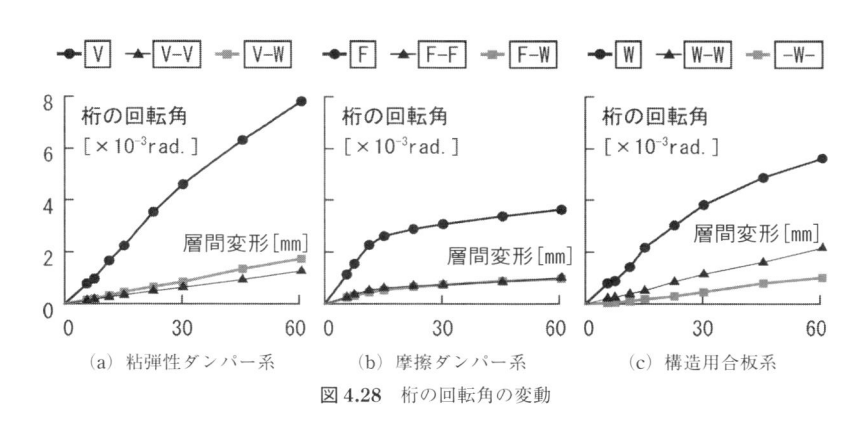

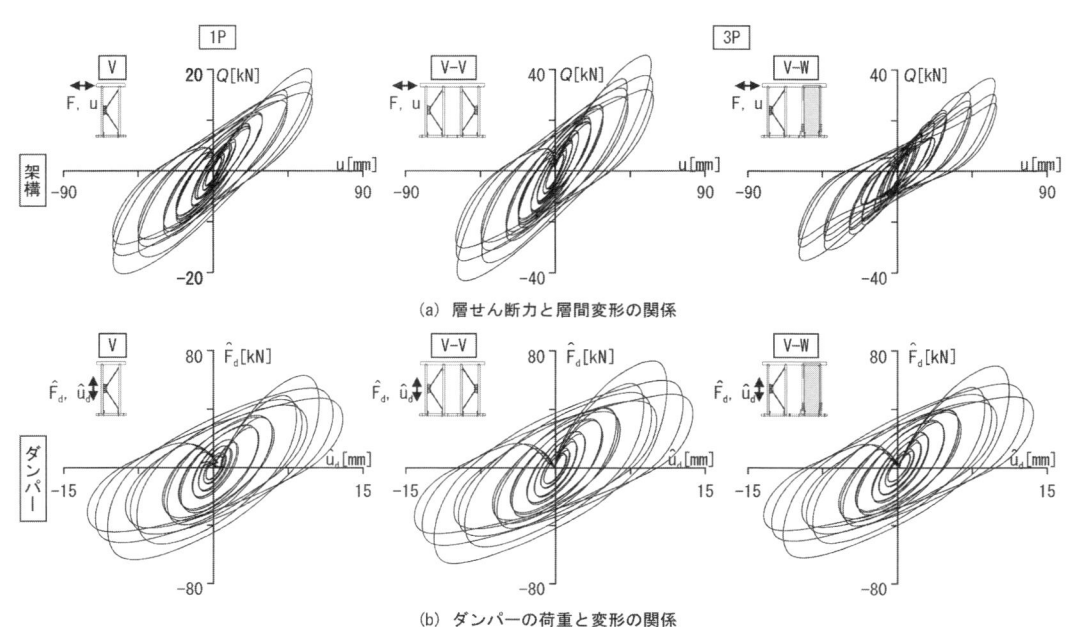

**図 4.29** 粘弾性ダンパーを有する試験体の履歴（1/480 〜 1/45 rad）

4.2　軸組木質架構における耐力要素の力学的挙動

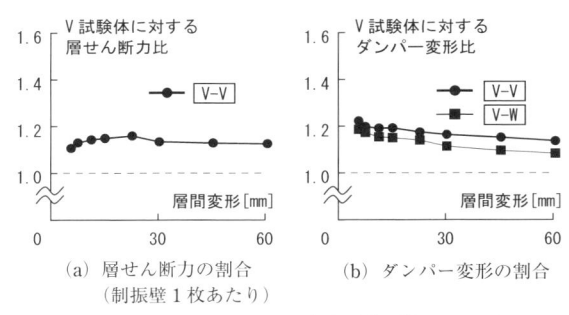

図 4.30 1P に対する 3P の割合（粘弾性ダンパー）

(a) 層せん断力の割合（制振壁 1 枚あたり）
(b) ダンパー変形の割合

くなるにつれて 2, 3 サイクル目の耐力が低下しているが，これは架構が損傷したためでなく，粘弾性ダンパーの温度が上昇したためである．

制振壁 1 枚あたりの最大層せん断力を V 試験体と比較すると，全サイクルの平均で V-V 試験体は V 試験体に対して 14% 程度高かった（図 4.30 (a)）．このときの V-V 試験体のダンパー変形は，層間変形が進むと V 試験体に対して相対的に減少する傾向にあるが（図 4.30 (b)），V-V 試験体の方が V 試験体よりも全サイクルの平均で 18% 程度増加しており，そのために V-V 試験体の制振壁 1 枚あたりの負担せん断力が上昇したものと考えられる．V-W 試験体の場合，ダンパー変形は全サイクルの平均で V 試験体に対して約 14% 程度増加していた．V-V 試験体のダンパー変形量と比べると若干低いものの，既存耐力壁を併設した場合でも連梁となることで 1P 試験体での試験結果以上のダンパー変形を得られることがわかる．

1P の場合と 3P の場合では図 4.31 に示すように変形状態が異なっており，連梁により 3P の方が桁の回転が小さくなった．3P の場合，図 4.31 (a) と同じ方向に変形している壁（図 4.31 (b) 右側）では，

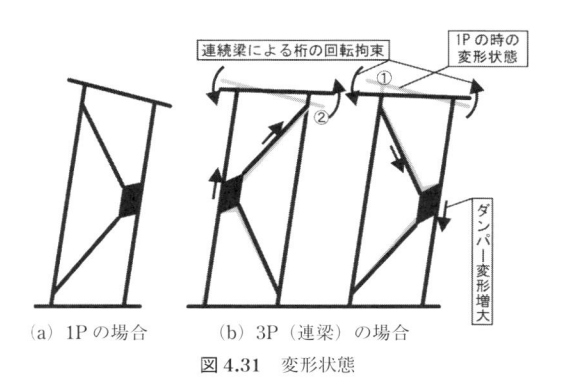

1P の場合よりも左上の接合部（図 4.31 ①）が下に押し下げられるように変形するため，ブレースを介してダンパー挿入部に変形が伝達される．3P の左側でも同様で，右上の接合部（図 4.31 ②）が上に引き上げられるように変形するため，その変形がダンパーに伝達され，ダンパー変形が増加したものと考えられる．

(4) 摩擦ダンパー制振壁の実験結果

図 4.32 に摩擦ダンパーを有する試験体に関して，層せん断力-層間変形関係およびダンパーの荷重と変形の関係を示す．摩擦ダンパーを有する試験体では架構の履歴はバイリニア型となった．また，ダンパーの履歴は完全弾塑性型に近い矩形の履歴となっている．制振壁 1 枚あたりの最大層せん断力を比較すると，F-F 試験体は F 試験体に対して約 11% 程度高い結果となっている．しかし，これは F-F 試験体のダンパーすべり荷重が F 試験体に対して 12% 程度高いことが原因である．本実験では目標すべり耐力を 36 kN に設定してボルト軸力の調整を行ったが，このようにすべり耐力がばらついていることから，すべり耐力の設定には注意を要する．

変形状態に着目すると，ダンパーが滑り始める前までの挙動（～1/360 rad）では，図 4.28 (b) に示したように F-F 試験体の桁の回転量は F 試験体よりも著しく小さいことから図 4.31 のような挙動を示していることがわかる．そのときは図 4.33 (a) に示すように F-F 試験体の弾性剛性は F 試験体の 2 倍の弾性剛性よりも高くなっている．その影響で図 4.33 (b) に示すように F-F 試験体のダンパーの方がすべり荷重が大きいにもかかわらず F 試験体よりすべり始める層間変形角は小さく，滑り出し直後ではすべり量の差は大きくなる．すなわち，摩擦ダンパー

(a) 1P の場合
(b) 3P（連梁）の場合

図 4.31 変形状態

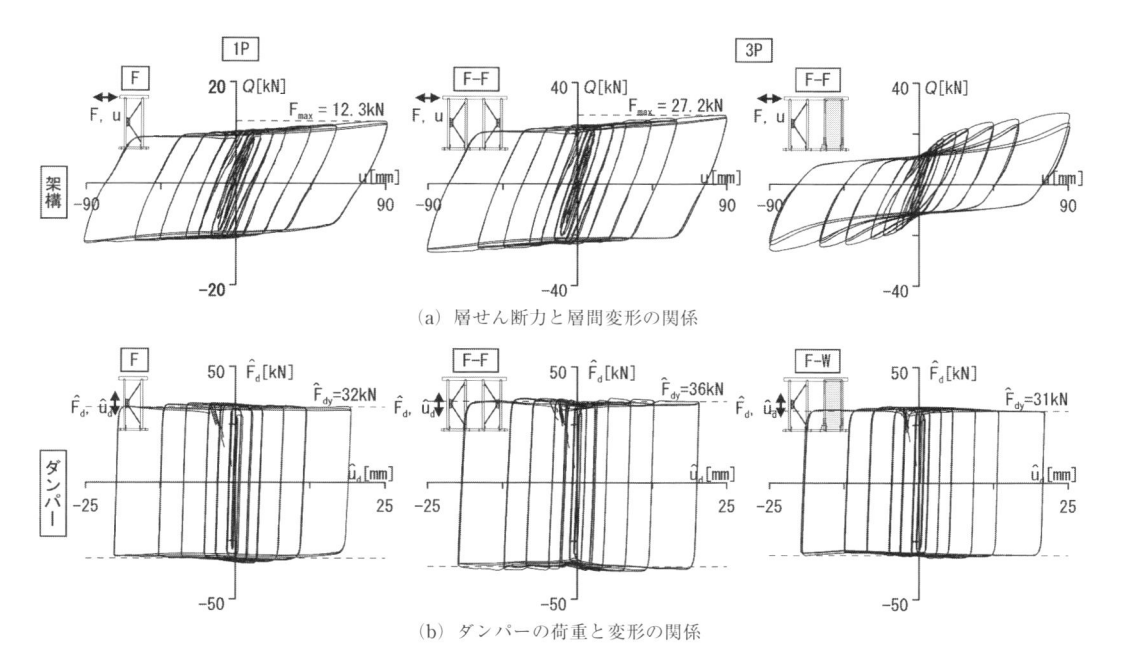

(a) 層せん断力と層間変形の関係

(b) ダンパーの荷重と変形の関係

図 4.32 摩擦ダンパーを有する試験体の履歴（1/480 〜 1/30 rad）

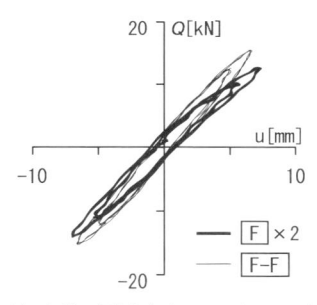

(a) 架構の履歴（1/480 〜 1/360 rad）

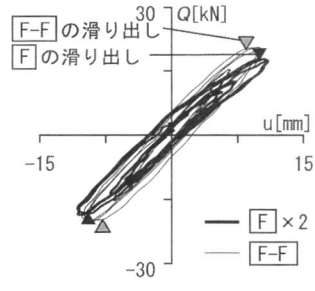

(b) 架構の履歴（1/480 〜 1/240 rad）

図 4.33 微小変形時の履歴

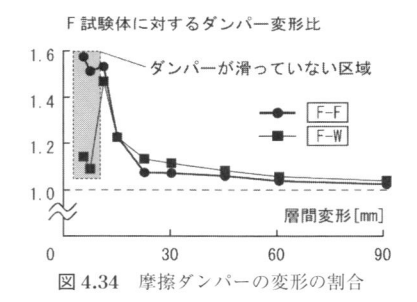

図 4.34 摩擦ダンパーの変形の割合

制振壁の場合，連梁となることによりダンパーの滑り始めを早める効果があるといえる．ダンパーが滑り始めた後は，ダンパー荷重が頭打ちとなるため，1P と 3P で桁の回転角増加量の差は少なくなる．同時に 1P と 3P のダンパー変形の差も少なくなるが（図 4.34），全サイクルにおいてダンパーの変形は F 試験体よりも F-F 試験体の方が大きく，滑り始めてからの全サイクルの平均で 9% 程度大きかった．F-W 試験体においても同様で，F 試験体よりもダンパー変形が滑り始めてからの全サイクルの平均で 11% 程度大きく，既存耐力壁を併設した場合でも連梁となることで 1P 試験体での試験結果以上のダンパー変形を得られることがわかる．

**(5) 構造用合板耐力壁の実験結果**

図 4.35 に構造用合板を有する試験体および -Zero- 試験体の層せん断力と層間変形の関係を示す．履歴の形状は全てスリップ型となっている．ここで，それぞれの包絡線を用いて構造用合板 1P 分の包絡線を抽出した結果を図 4.36 に示す．すなわち，-W- 試験体に関しては，1P の構造用合板以外に外側の独立柱を 2 本分有するため，柱 2 本の曲げによる寄与を除くために -W- 試験体の包絡線から -Zero- 試験体の

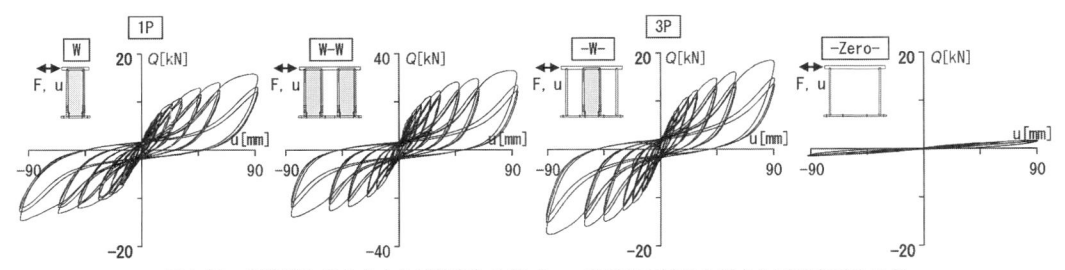

図 4.35 構造用合板を有する試験体および -Zero- 試験体の層せん断力と層間変形の関係

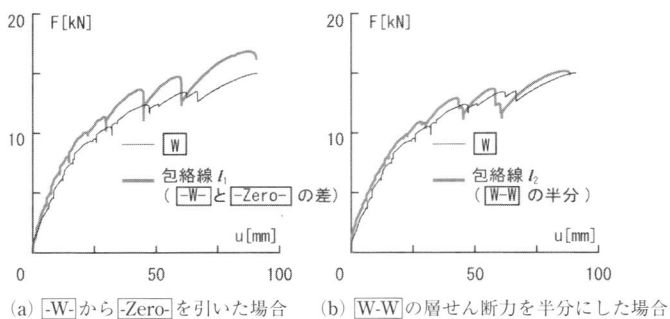

(a) -W- から -Zero- を引いた場合
(b) W-W の層せん断力を半分にした場合

図 4.36 構造用合板の荷重-変形関係における包絡線（正負の平均）

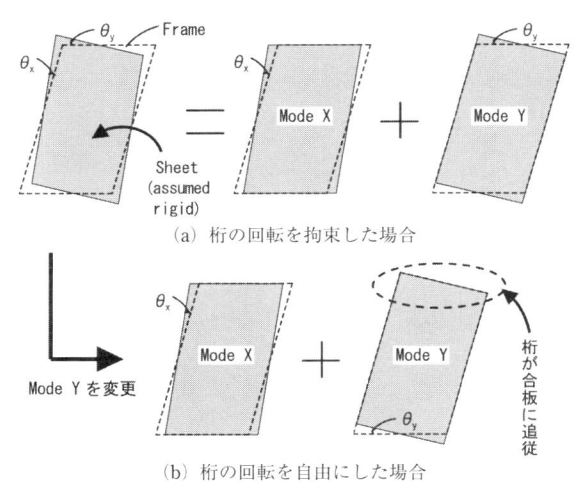

(a) 桁の回転を拘束した場合
(b) 桁の回転を自由にした場合

図 4.37 構造用合板の変形状態

包絡線の荷重を引いて求めた（図 4.36 (a) 包絡線 $l_1$）．W-W 試験体に関しては，1P の構造用合板が 2 枚存在するため，W-W 試験体の包絡線の荷重を 2 で割って求めた（図 4.36 (b) 包絡線 $l_2$）．なお，それぞれの包絡線は正負の絶対値をとり，平均して用いている．それぞれの作業で得られた包絡線と W 試験体の包絡線を比べると耐力は，包絡線 $l_1$ では W 試験体より 12％ 程度，包絡線 $l_2$ では W 試験体より 5％ 程度高くなっている．

ここで，構造用合板の荷重-変形関係に関して村上・稲山[3] による理論を用いて以下のように考えた．村上・稲山による理論では枠材と面材間に生じるずれ（$\theta_x$ と $\theta_y$）で，図 4.37 (a) のように X モードと Y モードに分解している．このときの枠材の変形状態は平行四辺形で，桁の回転が拘束された状態といえる．一方，桁の回転を許容した場合，桁に打たれた釘の Y モードにおけるずれが減少する．そこで，極端な場合として，桁に打たれた釘の Y モードにおけるずれが 0 となるような変形状態（図 4.37 (b)）を考える．上記の 2 状態に関して，釘の配列

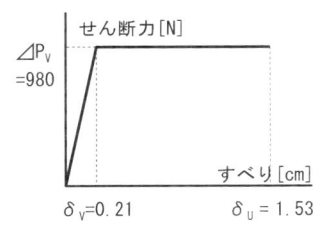

図 4.38 釘のせん断力とすべりの関係

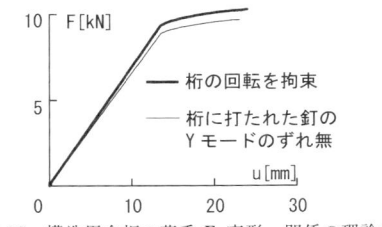

図 4.39 構造用合板の荷重 $F$-変形 $u$ 関係の理論値

をW試験体の釘配置と同様に設定し，釘のせん断力とすべりの関係を図 4.38 のような完全弾塑性型として，村上・稲山による式を用いて層間変形と層せん断力の関係を算出した．枠組の負担する層せん断力を考慮した場合，それぞれの状態における荷重-変形関係は図 4.39 のようになり，桁の回転を拘束した場合の方が，6%程度耐力が高くなっていることがわかる．

図 4.28（c）に示すように，壁長さが 3P の試験体における桁の回転変形は 1P の試験体よりも小さかった．すなわち，連梁状態にある 3P の場合，桁の回転変形が小さいことにより，桁に打たれた釘のYモードにおける抵抗が大きくなり，包絡線 $l_1, l_2$ ともに耐力が高くなっていると考えられる．

**b. 内外装材の付いた架構の静的強制変形性能**

(1) 実験概要

表 4.6 に試験体一覧を示す．内装材としてはほとんどの住宅に用いられている 12 mm 厚の石膏ボード（G）を，外装材としては窯業系サイディング材（S）とモルタル（M）を採用した（詳細は図 4.40 を参照）．モルタルは下塗りをメタルラスが隠れるまで行い，上塗りは 8 日後に下塗りとの合計の厚さが 20 mm になるようにした．載荷はその 32 日後に行っ

表 4.6 内外装材の付いた架構の試験体一覧

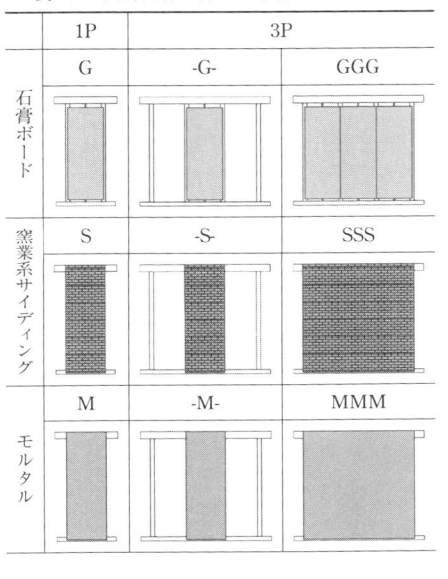

| | 1P | 3P | |
|---|---|---|---|
| | G | -G- | GGG |
| 石膏ボード | | | |
| | S | -S- | SSS |
| 窯業系サイディング | | | |
| | M | -M- | MMM |
| モルタル | | | |

た．

図 4.41 のように実験は一般的な柱脚固定式の載荷方法であり，静的に載荷した．加力のスケジュールは図 4.27（a）で示した変位履歴と同様で，各 3 サイクルずつ変位制御の正負交番繰返し載荷とした．

(2) 実験結果

図 4.42 に層せん断力と層間変形の関係（以後，$Q$-

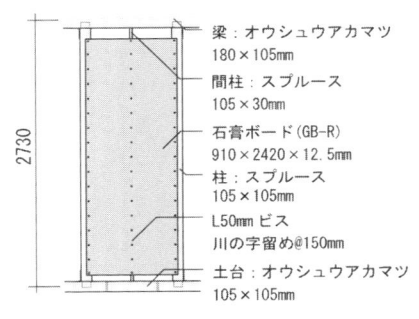

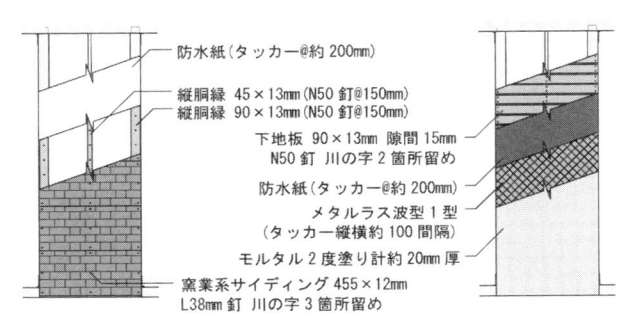

図 4.40 1P（= 910 mm）の場合の内外装材による壁の詳細
柱-横架材接合部には内使い L 型金物を 1 つ配置

(a) 石膏ボード内壁
(b) 窯業系サイディング外壁
(c) モルタル外壁

$u$ 関係）を示す．全ての試験体でスリップ型の履歴を示している．G 系の壁と M 系の壁は 1/60 rad 時を最大耐力としスリップが顕著な履歴形状となったが，S 系の壁は耐力低下を起こさず，1/120 rad 変形程度では線形に近い履歴形状となった．

図 4.43 に包絡線の比較を示す．壁 1P あたりで比較するために壁を 3 枚有する試験体に関しては荷重を 3 で除して示している．G と -G- の挙動を比べると，層間変形 1/30 rad（$u = 91$ mm）以降の変形では石膏ボードによる影響がほとんどなくなっているにもかかわらず，耐力に 2 倍程度の差が生じている．また，全体的に 1P の試験体に対して 3P 中央に壁が配置された試験体は耐力が高くなっているが，これは内外装材の取り付いている骨組みが比較的大きい力を負担しているためである．そこで，-Zero- 試験体の $Q$–$u$ 関係を用いて，骨組みの負担する力を差し引いた（図 4.44）．図 4.44 では，G 系の壁に関しては

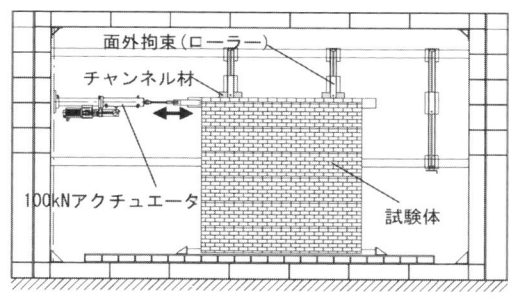

図 4.41 内外装材の付いた架構のセットアップ

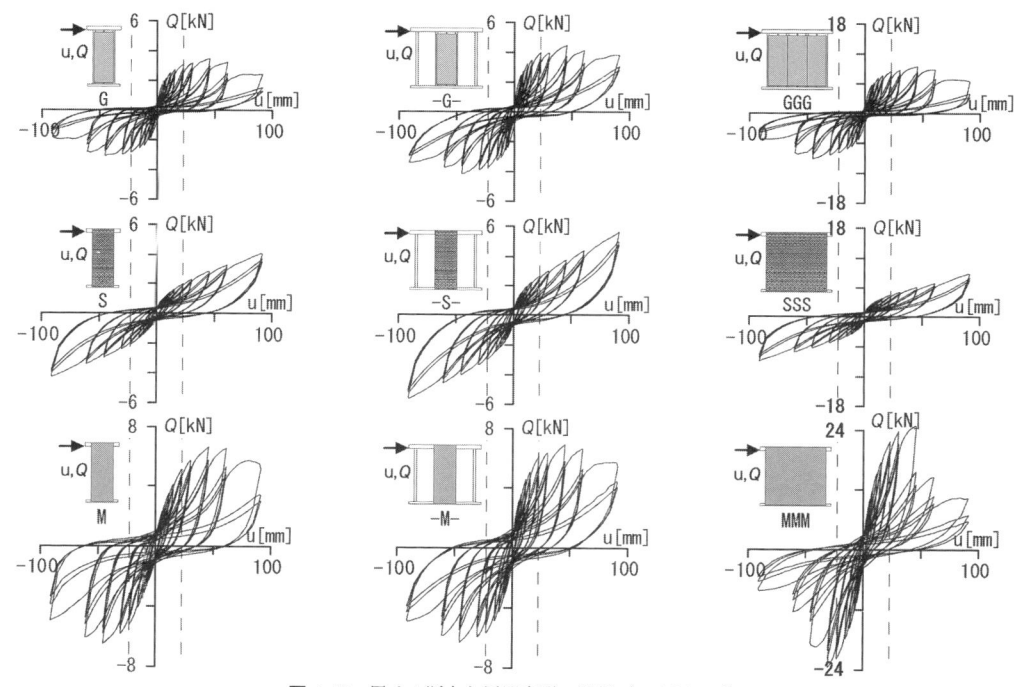

図 4.42 層せん断力と層間変形の関係（〜1/30 rad）

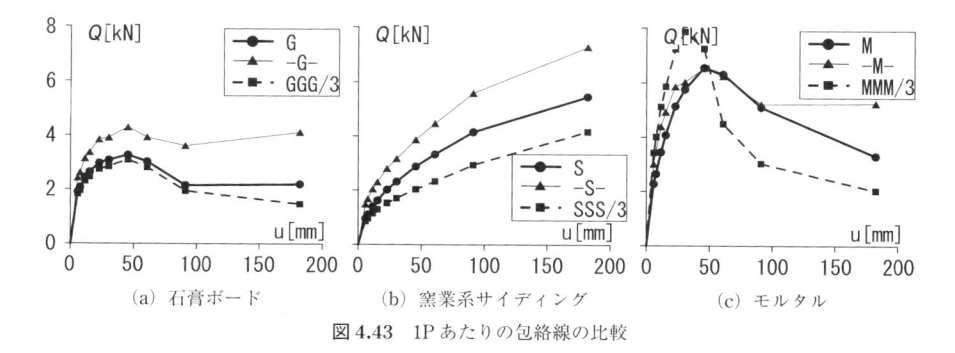

図 4.43 1P あたりの包絡線の比較
(a) 石膏ボード　(b) 窯業系サイディング　(c) モルタル

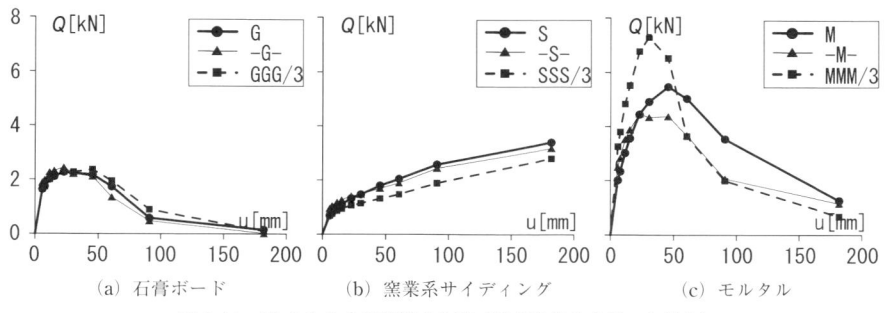

図4.44 1Pあたりの包絡線の比較（骨組負担分を引いた場合）

(a) 石膏ボード
(b) 窯業系サイディング
(c) モルタル

1Pあたりの $Q$–$u$ 関係にほとんど差が出ていない．S系の壁に関してはSSS/3の耐力が低くなっているが，これは壁が3Pある場合，それぞれの壁に共通柱があることで1Pあたりの釘の本数が1Pの試験体と比べて相対的に少なくなったためと考えられる．M系の壁ではMMM/3の耐力が高くなっている．これはモルタル自体が剛体のように挙動し，モルタルの回転中心からより離れたタッカーに大きなせん断ずれが生じることで力を多く負担したためである．

（3）住宅における内外装材の壁量

図4.42に示したG，S，M試験体の包絡線を用いて，それぞれの壁倍率を算定すると，ばらつきや耐久性などの低減係数を用いない場合でそれぞれ1.1，1.0，1.9となった．ここで教材住宅および実在する2階建て木造軸組住宅計4棟の内外装材の量を開口低減係数 $K_0$ を用いて調査した結果，単位面積 $1\,m^2$ あたりの内外装材の量は4棟で概ね等しく，平均して表4.7（a）の値となった．そこで各壁倍率を表4.7（a）の各値に乗じると，外壁が窯業系サイディングの場合で表4.7（b）の値となる．使用した壁倍率には，ばらつきや耐久性などを考慮した低減をかけていないが，それらで壁倍率が7割程度になるとしても，設計に用いられる必要最低壁量を考えると，大きい値といえる．

**c．木質制振架構の履歴特性評価手法**

（1）制振壁の履歴評価手法

状態RとしてR-R試験体，状態NとしてN-N試験体の静的載荷実験を行った．層せん断力と層間変形は状態Rにおいて $F_R$ と $u_R$，状態Nにおいては $F_N$ と $u_N$ として，実験から得られたその関係を図4.45に示す．本評価法では包絡線を用いるため，それを太線のようにモデル化した．本評価法を適用した際に用いた範囲は $u_R \leq 20\,mm$，$F_R \leq 40\,kN$ である．

ここで今回適用した評価法の文献2)と異なる点に関して述べる．状態Nにおける左右ダンパー変位の平均を $\hat{u}_{dN}$，状態Rにおいて拘束された左右のダンパー位置での力の平均を $\hat{F}_{dR}$ とし，式（4.4）のように各状態の架構特性を表す．

$$\alpha_R = \frac{\hat{F}_{dR}}{F_R}, \quad \alpha_N = \frac{\hat{u}_{dN}}{u_N} \tag{4.4}$$

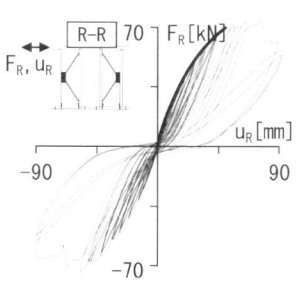

(a) R-R試験体

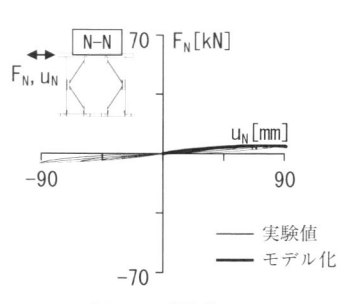

(b) N-N試験体

図4.45 状態R，Nにおける層せん断力と層間変形の関係

表4.7 内外装材の壁量

(a) $1\,m^2$ あたりの存在壁長
(単位：P/$m^2$)

| | 内装材 | 外装材 |
|---|---|---|
| 1層 | 0.403 | 0.131 |
| 2層 | 0.409 | 0.156 |

(b) 窯業系のサイディング外壁時の内外装材の存在壁量
(単位：m/$m^2$)

| | 内装材 | 外装材 | 合計 |
|---|---|---|---|
| 1層 | 0.404 | 0.119 | 0.523 |
| 2層 | 0.469 | 0.142 | 0.611 |

すなわち，$\alpha_R$ = 状態 R の左右のダンパー力の平均と架構せん断力との比，$\alpha_N$ = 状態 N の左右のダンパー変形の平均と層間変形との比である．評価にあたっては，実験でほぼ一定の値を示した $\alpha_R = 3.11$，$\alpha_N = 0.315$ を用いた．

式（4.4）で定義した $\alpha_R$, $\alpha_N$，状態 R の架構弾性剛性 $K_R$，ダンパー弾性剛性を用いれば，架構を2自由度に縮約した荷重・変形関係が次式で表される．

$$\begin{bmatrix} F \\ 0 \end{bmatrix} = \begin{bmatrix} K_R & -K_R\alpha_R \\ -K_R\alpha_R & \hat{K}_d + K_R\alpha_R/\alpha_N \end{bmatrix} \begin{bmatrix} u \\ \hat{u}_d \end{bmatrix} \quad (4.5)$$

ここでは層間変形 $u$ を既知として，式（4.5）から $F$, $\hat{u}_d$ を求める．

$$F = (1-\lambda\alpha_R)K_R u, \quad \hat{u}_d = \lambda u,$$
$$\lambda = \frac{\alpha_R}{\alpha_R/\alpha_N + \hat{K}_d/K_R} \quad (4.6)$$

線形のダンパーと線形の架構を対象とした式（4.6）を，非線形の場合にも近似的に用いる．この場合，$K_N$ と $K_R$ は図 4.46 の $F_N$-$u_N$ 包絡線と $F_R$-$u_R$ 包絡線それぞれから求めた割線剛性とする．

まず，$u_{max}$ を制振架構の繰返し載荷実験における既知の変位振幅とし，図 4.46 に示す各点の座標を以下のように求める．

① 振幅 $u = u_{max}$ での制振架構の荷重とダンパー変形を算定する（式（4.6））．収れん1回目は $K_R$, $\hat{K}_d$ は初期剛性とする．

② 求めた $F$ 値を $F_R$-$u_R$ 包絡線の $F_R$ に代入して割線剛性 $K_R = F_R/u_R$ を近似評価する．$K_R$ 値が手順①の値と大幅に異なる場合，これを手順①で新たに用いて収れんするまで繰り返す．

③ 手順①から得た $\hat{u}_d$ と与えられたダンパー履歴曲線の形状より，ダンパー力 $\hat{F}_d$ とダンパー等価剛性 $\hat{K}_d = \hat{F}_d/\hat{u}_d$，そして $\hat{F}_{dR}$, $\hat{u}_{dN}$ を求める．また，式（4.4）より $F_R$, $u_N$ を求め，状態 R と状態 N それぞれの包絡線から $u_R$, $F_N$ を算出する．

このように得られた座標値 $(u_{max}, F)$, $(u_R, F_R)$, $(u_N, F_N)$ により，木質制振架構の履歴曲線が以下の如く予測できる．

(a) 粘弾性ダンパーをもつ制振架構の場合

粘弾性ダンパーをもつ任意形状の制振架構に対し点 $(u_R, F_R)$ と点 $(u_N, F_N)$ が得られれば（図 4.46 (a) 右），制振架構の動的特性である貯蔵剛性 $K'$ と損失剛性 $K''$ が式（4.7）から評価できることを示した．

$$K' = \frac{F_R}{u_R} - \frac{K''}{\tan\phi},$$
$$K'' = \left(\frac{F_R}{u_R} - \frac{F_N}{u_N}\right)\left\{\frac{1-(\tan\phi)/\eta_d}{\tan\phi + (1/\tan\phi)}\right\}$$
$$\tan\phi = \eta_d/\{1+(u_N/u_R)\sqrt{1+\eta_d^2}\} \quad (4.7)$$

ここで，$\eta_d$ は粘弾性体のエネルギー吸収性を示す

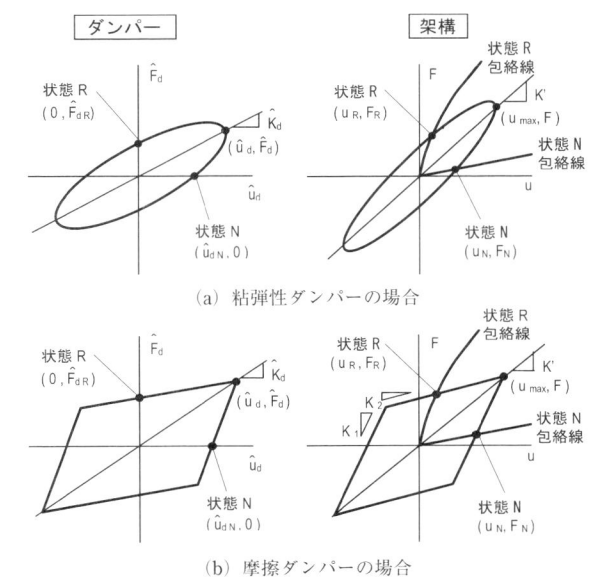

図 4.46 履歴上における状態 R, N の位置

損失係数である．以上より，制振架構の楕円履歴曲線（図 4.46（a）右）と最大せん断力が次式で表される．

$$F = K'_u + K'' \sqrt{u_{max}^2 - u^2}, \quad F_{max} = \sqrt{(K')^2 + (K'')^2}\, u_{max} \tag{4.8}$$

（b）摩擦ダンパーをもつ制振架構の場合

摩擦ダンパーをもつ制振架構では（図 4.46（b）右），上記の手順から求めた点（$u_{max}$, $F$）と点（$u_R$, $F_R$）を結ぶ直線を 2 次剛性（弾性域では初期剛性）とし，点（$u_{max}$, $F$）と点（$u_N$, $F_N$）を結ぶ直線を 1 次剛性とするバイリニア履歴曲線が得られる．この架構の等価剛性 $K'$ は，図 4.46（b）右のように平行四辺形の対角線の傾きとして定義される．また，粘弾性ダンパーの場合と対比して，最大せん断力は最大変位の点で与えられる．

(2) 実験結果との比較

図 4.47 は層間変形角 ±1/120 rad，±1/45 rad における V-V 試験体および F-F 試験体の層せん断力と層間変形の関係について，上記の評価法と実験結果を比較したものである．評価法では定常状態に近くなる第 1 サイクルの第 2 半波から第 2 サイクルの第 1 半波までの 1 サイクルを予測している．ただし，粘弾性ダンパーの温度上昇による耐力低下が著しい V-V 試験体の 1/45 rad の履歴（図 4.47（a）右）に関しては，評価法により得られたダンパーの履歴面積から粘弾性ダンパーの温度上昇量を計算し，次のサイクルの貯蔵剛性 $G'$ および損失係数 $\eta_d$ を予測することで，第 3 サイクル目の履歴まで評価したものを示している．

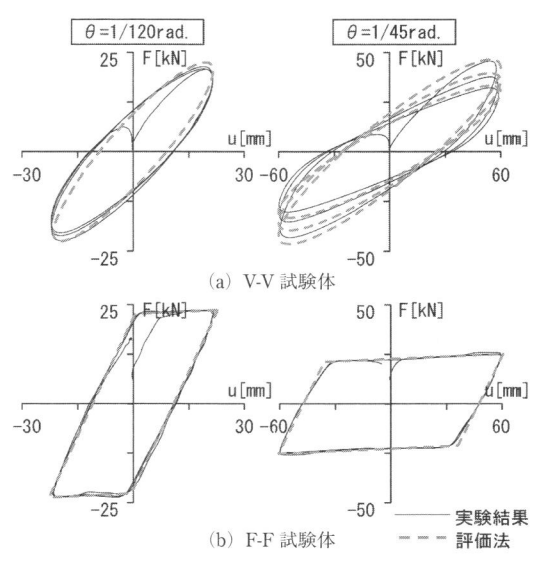

図 4.47 評価法による履歴と実験結果
(a) V-V 試験体
(b) F-F 試験体

各サイクルにおける最大耐力およびエネルギー吸収量に関して，評価法による値と実験値との比を表 4.8 に示す．最大耐力に関して評価法は約 5% 以内の精度を示し，履歴曲線の予測でも高い精度を示している．

### 4.2.3 地震力に対する耐力要素の挙動

**a. 2 層木質架構の地震時挙動**

(1) 実験概要

図 4.48 にセットアップを示す．試験体は在来軸組構法による 2 層戸建木造住宅の耐力要素の動的挙動を調べる目的で製作したもので，1 辺が 2730 mm の立方体を鉛直方向に 2 つ積層した形状となっている．加振方向の中央に耐力要素を配置し，その他の

表 4.8 履歴特性の評価法と実験結果の比較

| 層間変形角 | V-V | | | | F-F | | | |
|---|---|---|---|---|---|---|---|---|
| | 最大耐力 | エネルギー吸収 | | | 最大耐力 | エネルギー吸収 | | |
| | 評価法/実験 | 評価法 | 実験 | 評価法/実験 | 評価法/実験 | 評価法 | 実験 | 評価法/実験 |
| rad | — | kN·mm | kN·mm | — | — | kN·mm | kN·mm | — |
| 1/480 | 1.02 | 56.1 | 63.4 | 0.89 | 1.00 | 0.3 | 31.2 | 0.01 |
| 1/360 | 1.01 | 92.4 | 106.7 | 0.87 | 0.99 | 3.7 | 50.7 | 0.07 |
| 1/240 | 1.03 | 199.4 | 231.7 | 0.86 | 1.06 | 17.4 | 181.7 | 0.10 |
| 1/180 | 1.01 | 323.0 | 384.8 | 0.84 | 0.99 | 354.5 | 457.1 | 0.78 |
| 1/120 | 1.00 | 638.6 | 773.7 | 0.83 | 1.00 | 1008.2 | 1074.5 | 0.94 |
| 1/90 | 1.04 | 1108.4 | 1260.2 | 0.88 | 0.99 | 1677.6 | 1775.5 | 0.94 |
| 1/60 | 1.03 | 2204.2 | 2439.9 | 0.90 | 0.97 | 3029.6 | 3141.7 | 0.96 |
| 1/45 | 1.01 | 3656.5 | 3721.2 | 0.98 | 0.97 | 4392.8 | 4498.3 | 0.98 |
| 1/30 | — | — | — | — | 0.98 | 7162.9 | 7061.7 | 1.01 |

実験値のエネルギー吸収は第 1 サイクル目の第 2 半波からの 1 サイクル分．

構面は層せん断力を負担しないように，接合部をピンに近い形とした．また，1層の標準耐力を全重量と地震層せん断力係数 0.2 の積とし，壁倍率 2 をもつ壁要素が 2P 存在する場合に標準耐力となるように重量を定めた．ここに，壁倍率とは層間変形角 1/120 rad に対応する荷重を壁単位長さ 1 m あたりのせん断耐力 1.96 kN で除した値としている．1層に対する2層の質量比 $\alpha(m_2/m_1)$ は総2階・重い屋根を想定した設計用の単位床重量と同じ 0.9 とした．さらに，加振直交方向の構面にはねじれを防止するために，45 mm×90 mm の筋かいを取り付けた．

図 4.49 に計測位置を示す．振動台上に設置した十分に剛な計測フレームから，振動台に対する試験体の相対変位を計測した．式（4.9）から 1，2 層の層間変位 $\Delta u_1$, $\Delta u_2$ を算出し，2階・屋上の床の加速度を用いて式 (4.10) から 1，2 層の層せん断力 $Q_1$, $Q_2$ を算出した．式 (4.11) の関係を確認できたことから加振中の試験体にねじれが生じていないことを確認した．

$$\Delta u_2 = d_2 - d_1, \quad \Delta u_1 = d_1 - d_0 \tag{4.9}$$

$$Q_2 = m_2 \times a_2, \quad Q_1 = Q_2 + m_1 \times a_1 \tag{4.10}$$

$$a_{1E} = a_{1C} = a_{1W}, \quad d_{1E} = d_{1C} = d_{1W} \tag{4.11}$$

試験体一覧を表 4.9 に示す．表中の壁量とは，各壁要素の壁倍率にその長さを乗じたものの和であ

図 4.48 振動台実験のセットアップ

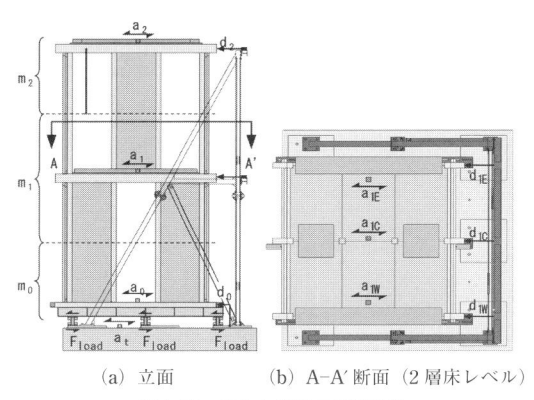

図 4.49 振動台実験の計測位置

表 4.9 振動台実験の試験体一覧

| No. | | 1 | 2 | 3 | 4 | 5 | 6 |
|---|---|---|---|---|---|---|---|
| 試験体 | | | | | | | |
| 名称 (2層/1層) | | -1.6W-/W-W | -1.2W-/W-W | -1.6W-/F-F | -1.6W-/V-V | -V-/V-V | -VW-/VW-VW |
| 種類 | 2層 | 構造用合板両面 | 構造用合板両面 | 構造用合板両面 | 構造用合板両面 | 粘弾性ダンパーK型 | V+1.2W |
| | 1層 | 構造用合板 | 構造用合板 | 摩擦ダンパーK型 | 粘弾性ダンパーK型 | 粘弾性ダンパーK型 | V-V+W-W |
| 壁量 | 2層 | 4.8×1P | 3.6×1P | 3.6×1P | 3.6×1P | 5.0×1P | 8.6×1P |
| | 1層 | 3.0×2P | 3.0×2P | 6.0×2P | 5.0×2P | 5.0×2P | 8.0×2P |
| $\beta = k_2/k_1$ | | 0.58 | 0.55 | 0.39 | 0.77 | 0.48 | 0.44 |
| $T_1$ (s) | | 0.28 | 0.28 | 0.26 | 0.30 | 0.35 | 0.26 |

1P = 0.91 m, $k_1, k_2 =$ 1層，2層剛性，$\beta$ および $T_1$ は地震波加振前のホワイトノイズ加振（W1）から算出．

る．2層部分の構造用合板は文献3)を用いて釘本数によって剛性および耐力を調整したため，調整時の倍率を考慮した壁量を表記している．加振は表4.10の順序で行った．

(2) 実験結果

表4.10 入力地震動

| No. | 名称 | 最大加速度(G) |
|---|---|---|
| 1 | W1 | 0.1 |
| 2 | 0.2 G Taft 波 | 0.2 |
| 3 | W2 | 0.1 |
| 4 | 0.2 G 神戸波（1回目） | 0.2 |
| 5 | W3 | 0.1 |
| 6 | 0.6 G 神戸波 | 0.6 |
| 7 | W4 | 0.1 |
| 8 | 0.2 G 神戸波（2回目） | 0.2 |
| 9 | W5 | 0.1 |
| 引寄せ金物締め直し | | |
| 10 | W5（2） | 0.1 |
| 11 | 0.83 G 神戸波（原波） | 0.83 |
| 12 | W6 | 0.1 |

1, 2層の層せん断力と層間変位の関係を図4.50に示す．1，2層とも構造用合板で構成される試験体（図4.50上2試験体）では，0.2 G 神戸波1回目の入力でいずれも1/240 rad 以内にとどまっている．しかし，0.6 G 神戸波の入力では，いずれもスリップ型の履歴を示し，剛性が低下したために，その後の0.2 G 神戸波2回目の入力では1回目と同じ入力にもかかわらず変形が大きくなった．また，-1.6W-/W-W 試験体は2層よりも1層の方が大きく変形したが，-1.2W-/W-W 試験体は2層の方が大きく変形した．このように，わずかな剛性比の差で1, 2層の層間変位の大小関係が変化したことから，変形モードは1，2層の剛性比に敏感であることがわかる．

1層が制振壁，2層が構造用合板で構成される試験体（図4.50中2試験体）では，摩擦ダンパーを有する層（-1.6W-/F-F 試験体の1層）はダンパーのすべり荷重に対応した層せん断力で頭打ちとなるが，この壁以外に剛性をもつ要素が存在しないため，加振終了後に約1/120 rad の残留変形を生じた．粘弾性ダンパーを有する層（-1.6W-/V-V 試験体の1層）は

(a) -1.6W-/W-W 試験体

(b) -1.2W-/W-W 試験体

(c) -1.6W-/F-F 試験体

(d) -1.6W-/V-V 試験体

(e) -V-/V-V 試験体

(f) -VW-/VW-VW 試験体

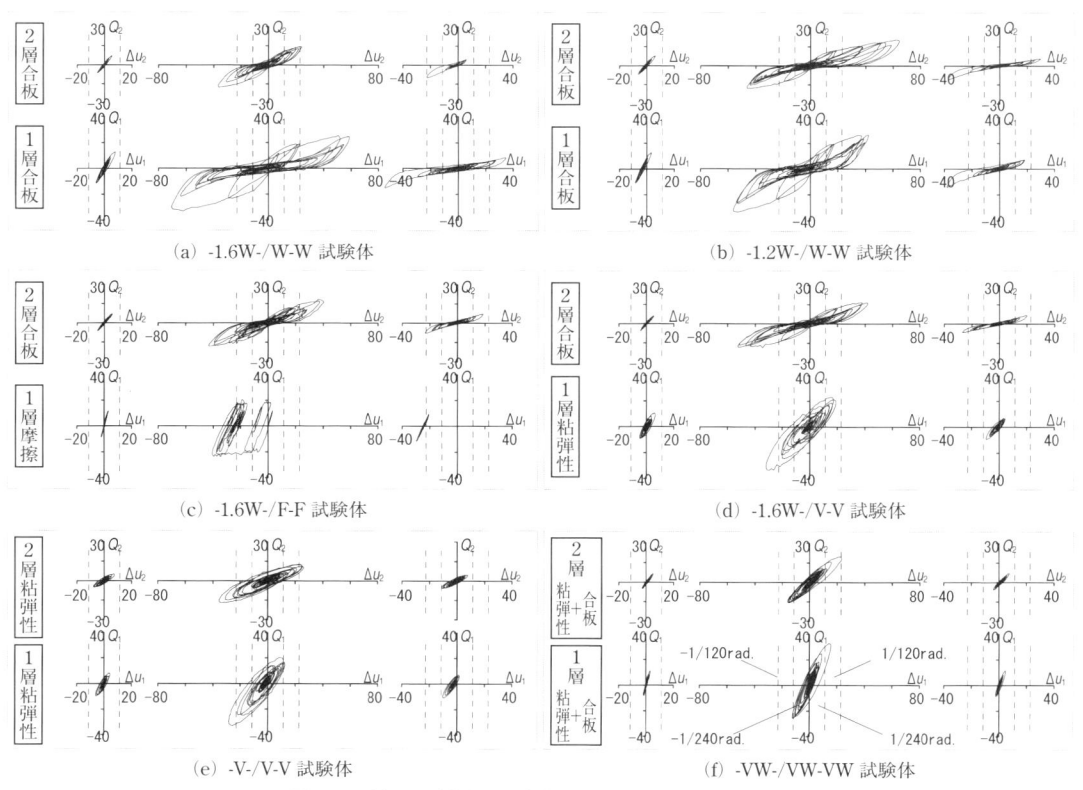

図4.50 層せん断力と層間変位の関係（単位はkNとmm）

0.6 G 神戸波の入力時に最大で約 1/80 rad 変形したものの，その後の 0.2 G 神戸波 2 回目の入力でも 1 回目とほぼ同程度の変形にとどまっていることから，架構の損傷は少ないといえる．また，2 層の構造用合板は両試験体ともスリップ履歴となり，剛性が著しく低下した．

粘弾性ダンパーが全ての耐力要素に入った試験体（図 4.50 下 2 試験体）では，0.6 G の入力で -V-/V-V 試験体は 2 層が 1/75 rad まで変形したが，その上から合板を貼った -VW-/VW-VW 試験体では 1/120 rad にとどまった．その後の 0.2 G 神戸波 2 回目の入力では 1 回目とほぼ同程度の変形にとどまっていることから，粘弾性ダンパーと並列に付加した構造用合板が効率的に機能していることがわかる．加振終了後の試験体は，両試験体とも外観上の損傷は特に見られなかった．

図 4.51 に各層全体とダンパーのエネルギー吸収量を示す．横軸は試験体ナンバー（表 4.9）を表している．全体のエネルギー吸収量は層せん断力−層間変位の履歴面積から，ダンパーのエネルギー吸収量は各ダンパーの履歴面積の合計から求めた．

固有周期の短い -1.6W-/F-F, -VW-/VW-VW 試験体（図 4.51, No.3, 6）は他の試験体よりもエネルギー吸収量が少なかった．1, 2 層とも構造用合板で構成される試験体（図 4.51, No.1, 2）に関しては，0.2 G 神戸波の 2 回目の入力で 1 回目の約 3 倍程度のエネルギーを吸収していることがわかる．これは 0.6 G 神戸波の入力により架構が損傷し，固有周期が延びたためと考えられる．

摩擦ダンパーを有する試験体（図 4.51, No.3）では 0.2 G 神戸波の入力においてダンパーにすべりが生じないためエネルギー吸収量も少ないが，0.6 G 神戸波の入力では 1 層全体が吸収したエネルギーの約 65% をダンパーで吸収した．粘弾性ダンパーを有する試験体ではダンパーが常にほぼ一定の割合でエネルギーを吸収し，-V-/V-V 試験体（図 4.51, No.5）では全体の約 80% ものエネルギーをダンパーが吸収した．このように制振壁を持つ層では全体のエネルギーの大半をダンパーが吸収していることがわかる．

最大加速度 0.1 G のホワイトノイズ波の入力により求めた架構の特性を図 4.52 に示す．1, 2 層とも構造用合板で構成される試験体において，-1.6W-/W-W 試験体と -1.2W-/W-W 試験体には初期周期にほとんど差が生じなかった．これは構造用合板と木質軸組架構の接触面に発生する摩擦力の影響が大きかったためと考えられる．また，0.2 G の入力後では周期はほとんど変化しないことから，0.2 G の入力では損傷は少ないことを確認することができる．しかし 0.6 G 神戸波以上の入力後では固有周期が著しく増加する．その際に減衰定数 $h_1$ が上昇するのは，エネルギー吸収能力が上がったためではなく架構が損傷してエネルギーを吸収したためである．

また 1 層に制振壁，2 層に構造用合板を配置した試験体では，損傷が 2 層の合板に集中したため，1, 2 層とも構造用合板の場合と同様の傾向を示しており，0.83 G 神戸波の入力により固有周期が増加している．-1.6W-/F-F 試験体で減衰が低いのは，0.1 G の入力では摩擦ダンパーが滑らず，エネルギーを吸収できないためである．

全ての耐力要素に粘弾性ダンパーが入った試験体ではともに粘性減衰が高く，特に -V-/V-V 試験体で

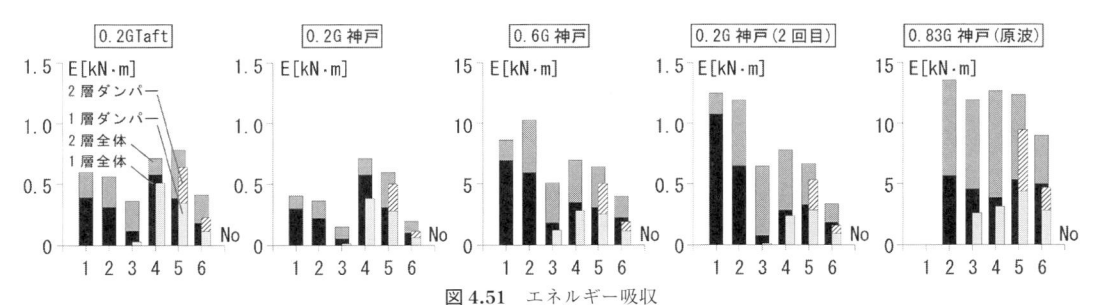

**図 4.51　エネルギー吸収**

横軸は試験体 No.1（-1.6W-/W-W），No.2（-1.2W-/W-W），No.3（-1.6W-/F-F），No.4（-1.6W-/V-V），No.5（-V-/V-V），No.6（-VW-/VW-VW）

図 4.52 架構の特性

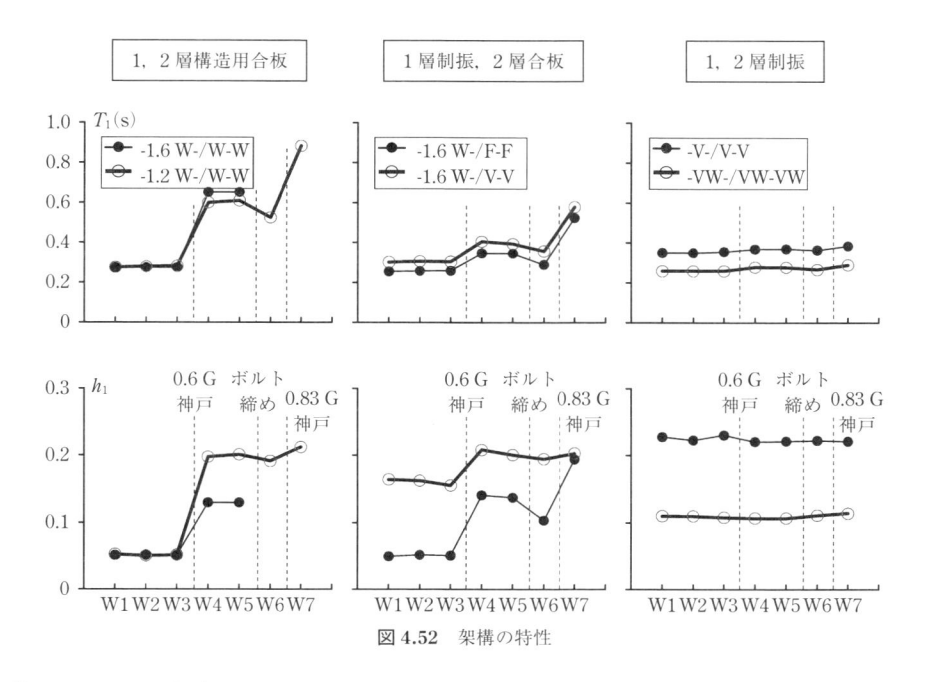

は 0.6 G 神戸波以上の入力後も安定して $h_1 = 22\%$ 前後の性能を保っており，$T_1$ も常に安定している．

**b. 限界耐力計算法による既往応答予測手法の精度検証**

限界耐力計算法を戸建木造住宅に適用し，地震時の応答を評価することにより耐震設計を行う手法が提案されている[4]．その手法は変位増分法によるもので，各層の骨格曲線が与えられれば，1層の変位を様々に仮定して，2層の変位を予測する流れとなっている．またその後に，各変形レベルで1質点系に縮約して等価周期と減衰定数を求め，応答スペクトル曲線と比べて1質点系における予測変位を得る．その結果と上述の層間の情報に基づき，与えられた外乱レベルに対する各層の層間変形角を求める手法である．入力に関しては平滑化されたスペクトルの特性をもつ模擬地震動だけでなく，観測地震動を用いた場合についても網羅されていることから，本振動台実験のような試験体条件についても適用できる．ここではその手法を本振動台実験の試験体に適用し，評価値と実験値を比較することでその妥当性を検証する．

（1）評価手法における設定条件

本実験で中央構面に用いた壁は強制変形実験も行っており，その実験結果は 4.2.2 項で示している．その結果を用いて各試験体の骨格曲線および減衰定数を設定した．壁の繰返し強制変形実験により得られた層せん断力と層間変位の関係およびそれから抽出した骨格曲線を図 4.53 に示す．また，各変形角における骨格曲線上の荷重値，および減衰定数の算定値を表 4.11 に示す．

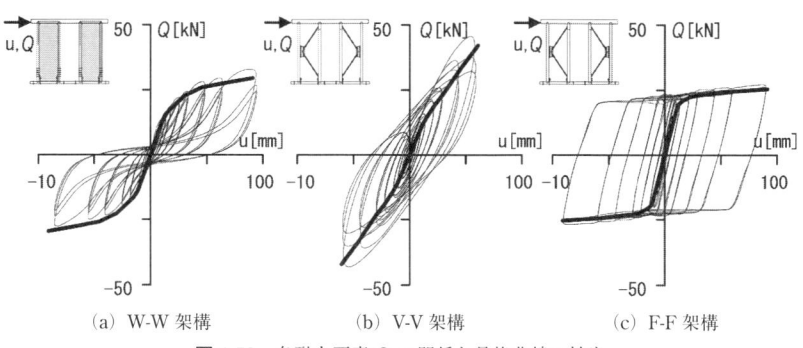

図 4.53 各耐力要素 $Q$-$u$ 関係と骨格曲線の抽出

表 4.11　骨格曲線上の荷重値と減衰定数の算定値

| 変形角 | 層間変形 | 骨格曲線上の荷重値 | | | 減衰定数 | | |
|---|---|---|---|---|---|---|---|
| | | W-W | V-V | F-F | W-W | V-V | F-F |
| rad | mm | kN | | | % | | |
| 1/240 | 11.4 | 14.1 | 11.7 | 19.2 | 0.0 | 25.7 | 12.1 |
| 1/180 | 15.2 | 16.6 | 14.6 | 20.8 | 1.8 | 25.9 | 21.5 |
| 1/120 | 22.8 | 19.8 | 19.5 | 22.5 | 4.7 | 26.6 | 32.1 |
| 1/90 | 30.3 | 22.8 | 23.7 | 23.0 | 6.3 | 26.7 | 38.9 |
| 1/60 | 45.5 | 25.9 | 33.5 | 24.0 | 8.6 | 24.4 | 44.6 |
| 1/45 | 60.7 | 27.2 | 42.1 | 24.6 | 10.2 | 22.0 | 46.7 |
| 1/30 | 91.0 | 29.6 | — | 25.5 | 11.7 | — | 48.1 |

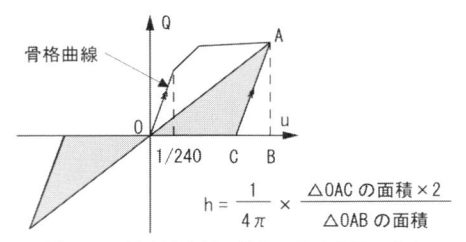

$$h = \frac{1}{4\pi} \times \frac{\triangle OAC \text{ の面積} \times 2}{\triangle OAB \text{ の面積}}$$

図 4.54　構造用合板の場合の減衰定数の算出

骨格曲線は正負の平均を用いることとし，1/240 rad までを弾性範囲，その後は壁の強制変形実験における載荷サイクルの目標変形角を変位点とした．W-W 架構に関しては 1/30 rad 以降，1/15 rad まで 1/30 rad 時の耐力を維持することとした．減衰定数に関して，W-W 架構の場合は骨格曲線を用いて図 4.54 のように算出し，V-V 架構と F-F 架構の場合は図 4.54 の式における「△OAC の面積×2」を壁の強制変形実験により得られた 1 サイクル分の履歴吸収エネルギーに置き換えて算出した．各層質量・階高は試験体のとおりである．対象とする地震動は 0.6 G 神戸波とし，振動台実験の試験体土台から得られた 0.6 G 神戸波の加速度記録から擬似加速度応答スペクトルを作成した．

(2) 既往応答予測手法の評価値と実験値の比較

評価の結果を表 4.12 に示す．限界耐力計算法に基づく評価手法は観測地震動の不規則な応答スペクトルを用いる場合（評価値 1）と，滑らかな応答スペクトルを用いる場合（評価値 2）の両方が考慮されている．前者では各減衰での応答スペクトルをその都度作成する．後者では図 4.54 の式に粘性減衰として 5% 分の減衰を加え，各減衰におけるスペクトルの低下は低減率 $F_h$ で近似する．

前者の場合，応答スペクトルが不規則であるため，1 質点系での応答を予測する時点で予測値にばらつきが生じた（表 4.12 の評価値 1）．その理由は図 4.55 の -1.6W-/W-W 試験体における 1 質点系応答値の算出例のように，必要性能スペクトルが不整形になることにある．たとえば，図 4.55 破線部の必要性能スペクトルが少し下がって復元力特性と交われば応答の評価値は著しく低下する．

表 4.12　層間変位の実験値と評価値の比較

（割合は評価値/実験値を表す）

| 試験体 | 層 | 実験値 | 評価値 1 | 割合 1 | 評価値 2 | 割合 2 |
|---|---|---|---|---|---|---|
| | | mm | mm | — | mm | — |
| -1.6W-/W-W | 2 | 36.9 | 77.6 | 2.10 | 45.2 | 1.22 |
| | 1 | 70.4 | 161.7 | 2.30 | 59.8 | 0.85 |
| -1.2W-/W-W | 2 | 64.9 | 182.6 | 2.81 | 73.3 | 1.13 |
| | 1 | 53.2 | 50.4 | 0.95 | 40.4 | 0.76 |
| -1.6W-/F-F | 2 | 43.4 | 73.0 | 1.68 | 36.6 | 0.84 |
| | 1 | 41.0 | 44.5 | 1.09 | 19.9 | 0.49 |
| -1.6W-/V-V | 2 | 52.8 | 27.7 | 0.52 | 13.6 | 0.26 |
| | 1 | 32.0 | 42.9 | 1.34 | 25.0 | 0.78 |
| -V-/V-V | 2 | 35.3 | 76.4 | 2.16 | 40.0 | 1.13 |
| | 1 | 28.6 | 22.8 | 0.80 | 13.1 | 0.46 |
| -VW-/VW-VW | 2 | 23.4 | 46.1 | 1.97 | 12.8 | 0.55 |
| | 1 | 15.7 | 15.8 | 1.01 | 10.7 | 0.68 |

実験で試験体土台から得られた加速度記録を用いて求めた応答スペクトルを用いた場合

上記応答スペクトルを平滑化した場合

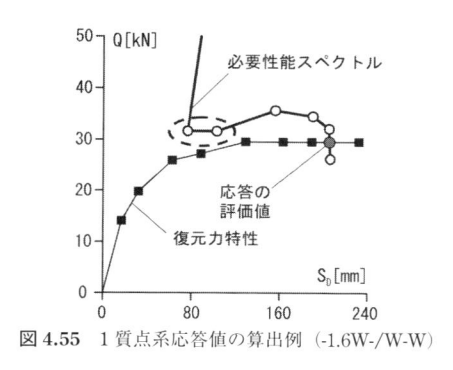

図 4.55 1質点系応答値の算出例 (-1.6W-/W-W)

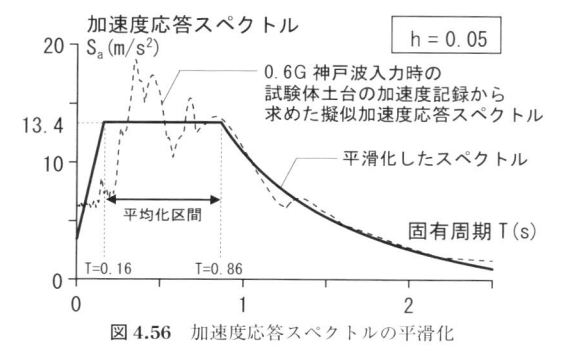

図 4.56 加速度応答スペクトルの平滑化

そこで，上記ばらつきの影響を除くために図 4.56 のように滑らかなスペクトルを作成し，そのスペクトルを用いて評価した値が表 4.12 の評価値 2 である．すなわち，0.6G 神戸波入力時の試験体土台の加速度記録から求めた擬似加速度応答スペクトルにおいて，固有周期 0.16～0.86 秒の範囲の平均（13.4 m/s²）を求め，その領域を平均の値で一定とした．一定領域後の周期帯では擬似加速度応答スペクトルをなぞる反比例曲線とした．この平滑化したスペクトルを用いた場合，1 質点系におけるばらつきは小さかったが，全 6 試験体における両者の平均的評価値の差は大きく，評価値 2 は評価値 1 の概ね 1/2 の値となっている．その原因は前述した粘性減衰 5% の考慮の有無と，スペクトルの低減率 $F_h$ が与える応答予測値の低さにあるといえる．

また，この評価手法は，各ステップで用いる変形モードの算出方法が，特定層の変位を過大に評価する傾向にある．文献 5) の設計法を用いて Ai 分布に基づく設計用せん断力に概ね比例的にダンパー量を分配し，各層ほぼ等しい層間変形角を得るようにした -V-/V-V 試験体，構造用合板も同様に付加した -VW-/VW-VW 試験体に対し，既往応答評価手法は 2 層の評価値が 1 層の 3 倍近い．各層の変形モードを決める予測式は初期の小さい変形レベルではともかく，変形が大きくなるにつれエラーを増幅する方向に向かうことが認められ，それが原因となっている．

さらに，-1.6W-/V-V 試験体では，実験値では 2 層の方が 1 層よりも変形しているが，評価値では逆に 1 層の方が 2 層よりも変形している．これは，最初に 1 層の変位を様々に仮定して 2 層との変形モードを予測する際，その変形予測式が骨格曲線のみに基づいているためと考えられる．1, 2 層の片方の層のみに制振壁が配置された場合，既存耐力壁のみで構成される層は繰返し変形時にスリップ型の履歴を描き，制振壁を有する層よりもエネルギー吸収能力が少ないため変形が増大する．このような 1 層と 2 層の履歴形状の違いを，この評価手法では表現しきれていないために生じた誤差と考えられる．

## 4.3 水平構面の力学的挙動

### ▶ 4.3.1 水平構面の役割

水平構面は人や家具などの鉛直荷重を支える役割と，水平力を耐力壁へ分配する役割を担っている．特に耐力壁への水平力の分配は，建物全体の耐震性に大きく関係する重要な役割で，火打ち梁や構造用合板などで性能を確保することになるが，柱と横架材の留め方も影響を及ぼす原因となる．

木造の水平構面は，その構造形式が原因で，いわゆる「剛床仮定」が成立しにくいので，耐力壁の剛性（壁倍率）や配置と関連付けて考えるべきである．水平構面の水平剛性は，耐力壁と同様に「床倍率」

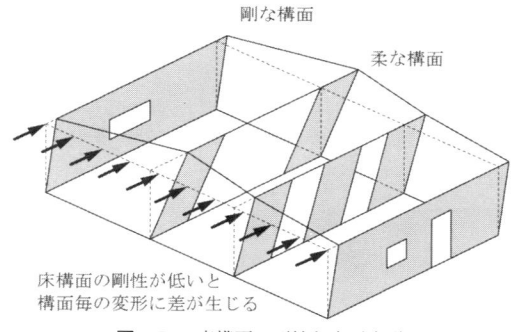

図 4.57 床構面の剛性と水平変形

で示され，倍率が高いほど水平剛性は高い．水平剛性が高いことは，水平構面が変形しにくく，大きな水平力を伝達でき，壁倍率を高くしたり耐力壁構面間隔を長くすることができる．

建物を構成する軸組は一般に均一ではなく，図4.57に示すように地震力のような水平力が働くと各軸組はその剛性に応じて異なった変形をしようとする．水平剛性が低い場合には，その壁の負担面積に応じてそれぞれの壁が力を負担することになり，壁の耐力の総和をその階の耐力とすることはできない．上下それぞれの階に存在する壁の剛性によって必要水平剛性は変化するが，少なくとも壁以上の剛性が必要と考えられている．水平構面が完全に剛で，かつ耐力要素が平面内にバランスよく配置されていれば，どの軸組もその水平変位は等しくなる．つまり水平構面が軸組の変形を均等にし，全体の水平変位に応じた耐力を各構面に発揮させる役割をしていることになる．

▶ **4.3.2　釘接合部のせん断性能**

**a. 実験概要**

水平構面試験に用いる釘のせん断性状を知るため，JASによる釘接合部せん断試験を行った．表4.13に試験体一覧，図4.58に試験体形状，図4.59に計測計画を示す．試験体は梁を想定した主材と，水平構面に張られる面材を想定した側材，釘により構成されている．主材には幅60 mm×せい120 mmのオウシュウアカマツ集成材，側材には28 mm厚のカラマツ合板を用いた．主材と側材を接合する釘にはCN75を使用した．変動要因を釘の配置とし，2種類で各6体の計12体を計画した．試験体の表裏計4ヵ所で相対変位を計測し，4つの値の平均値を主材と側材のすべり $\Delta$ とした．加力は繊維方向に対して平行に，載荷速度2.5 mm/minで単調圧縮載荷を行った．

なお，繊維方向加力時と繊維直交方向加力時とにおける，せん断剛性・耐力は同様なものとなる．

**b. 実験結果**

図4.60にせん断力 $Q$–すべり $\Delta$ 関係を示す．各6体の試験結果の平均値から，釘1本分の $Q$ を求めたものである．$\Delta = 5$ mm 程度で著しく剛性が低下し，荷重の上昇が緩やかになった．最大せん断力到達後，釘の引抜けにより側材が徐々に浮き上がり始め，荷重は緩やかに低下した．最終破壊状況は釘の引抜け

表4.13　釘接合部の試験体一覧

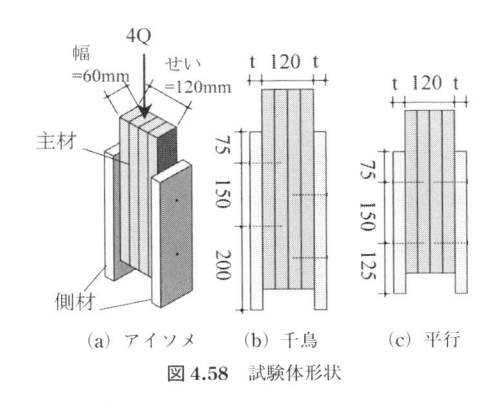

| 試験体名 | 主材 | | | 側材 | | 釘 |
| --- | --- | --- | --- | --- | --- | --- |
| | 樹種 | 強度等級 | 断面 幅×せい mm | 樹種 | 厚さ $t$ mm | |
| LSP28-CN75 平行 | オウシュウアカマツ | E105-F300 | 60×120 | カラマツ | 28 | CN75 |
| LSP28-CN75 千鳥 | | | | | | |

図4.58　試験体形状
(a) アイソメ　(b) 千鳥　(c) 平行

図4.59　計測計画

による側材の浮上りと，主材・側材への釘のめり込みであった．釘配置の違いによるせん断性状への影響は見られなかった．

### ▶ 4.3.3 水平構面の面内せん断性能

#### a. 実験概要

厚物構造用合板を用いた無開口・有開口水平構面の面内せん断試験を行った．表4.14に枠材の材料特性，表4.15に試験体一覧，図4.61に試験体一覧，図4.62に試験体セットアップ状況を示す．試験体寸法は芯々で3P×3P（1P＝910 mm）であり，枠材を構成する梁および小梁は断面幅120 mm×せい150 mmで統一し，No.4とNo.10に用いた合板受け材の断面は105 mm角とした．梁，小梁，合板受け材に用いた集成材はオウシュウアカマツ集成材（対称異等級，E105-F300）で同一とした．梁-小梁，小梁-小梁の接合には図4.63のような金物を用いた．また，合板受け材は図4.64のような金物を用いて梁や小梁に取り付けており，釘を打つための受け材とした．合板には厚さ28 mmのカラマツ合板を用いた．用いた釘はCN75である．釘を打てない合板の辺はサネ（図4.65）で合板どうしを接合している．

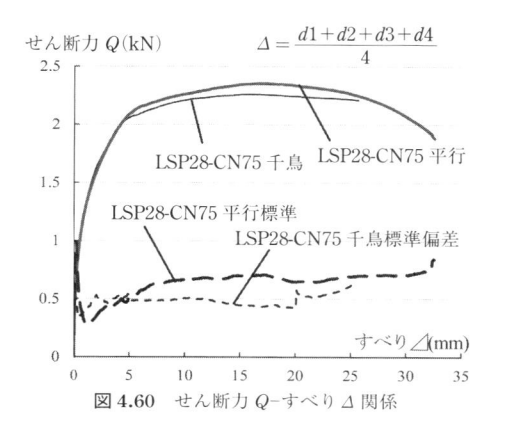

試験体の変動要因は，加力方向，釘ピッチ，合板受け材の有無，開口位置，開口規模である．加力は，（財）日本住宅・木材技術センターによる『木造軸組

図4.60　せん断力 $Q$-すべり $\Delta$ 関係
$$\Delta = \frac{d1+d2+d3+d4}{4}$$

表4.14　枠材の材料特性（オウシュウアカマツ（E105-F300））

| ラミナ厚 | 曲げ弾性係数 | | 曲げ強さ | | 気乾含水率 | 比重 |
|---|---|---|---|---|---|---|
| mm | kN/mm² | | N/mm² | | % | |
| | $E_{wx\text{-}x}$ | $E_{wy\text{-}y}$ | x-x | y-y | | |
| 31 | 11.0 | 9.7 | 51.7 | 44.4 | 14.7 | 0.53 |

表4.15　水平構面の面内せん断性能実験の試験体一覧

| 試験体 No. | 試験体名 | 試験体寸法 (mm) | 合板樹種（厚さ） | 釘種 | 釘ピッチ (mm) | 小梁配置 | 開口規模 (mm) | 開口位置 | 合板受け材 | $\Sigma I_{xy}$ (cm⁴) | $\Sigma Z_{xy}$ (cm) |
|---|---|---|---|---|---|---|---|---|---|---|---|
| No.1 | LSP28-@150-BB.0-Un.Op | 2730×2730 | カラマツ(28) | CN75 | 150 | 加力平行方向 | ― | ― | 無 | 94281 | 2259 |
| No.2 | LSP28-@150-BB.90-Un.Op | | | | 150 | 加力直交方向 | ― | ― | 無 | 94281 | 2259 |
| No.3 | LSP28-@75-BB.0-Un.Op | | | | 75 | | | | | 172926 | 4019 |
| No.4 | LSP28-@150-BB.0-Un.Op-RM | | | | 150 | | | | 有 | 164929 | 4563 |
| No.5 | LSP28-@75-BB.0-1Px1PCo.Op | | | | | | 910×910 | 隅 | | 164229 | 3630 |
| No.6 | LSP28-@75-BB.0-1Px1PCe.Op | | | | | | 910×910 | 中央 | | 179086 | 4643 |
| No.7 | LSP28-@75-BB.0-1Px2PCo.Op | | | | 75 | 加力平行方向 | 910×1820 | | 無 | 149416 | 3661 |
| No.8 | LSP28-@75-BB.0-2Px1PCo.Op | | | | | | 1820×910 | 隅 | | 147270 | 3363 |
| No.9 | LSP28-@75-BB.0-2Px2PCo.Op | | | | | | 1820×1820 | | | 132579 | 3523 |
| No.10 | LSP28-@75-BB.0-2Px2PCo.Op-RM | | | | | | | | 有 | 169871 | 5019 |

LSP28：厚さ28 mm カラマツ合板，@＿：釘ピッチ，BB.0：小梁加力平行方向配置，BB.90：小梁加力直交方向配置，$\Sigma I_{xy}$：釘配列2次モーメント，$\Sigma Z_{xy}$：釘配列係数，Un.Op：無開口，Co.Op：隅開口，Ce.Op：中央開口，RM：合板受け材

(a) 構面図　　　(b) 割付図　　　　　　　　　　(a) 構面図　　　(b) 割付図
No.1（LSP28-@150-BB.0-Un.Op）　　　　　　　No.2（LSP28-@150-BB.90-Un.Op）

(a) 構面図　　　(b) 割付図　　　　　　　　　　(a) 構面図　　　(b) 割付図
No.3（LSP28-@75-BB.0-Un.Op）　　　　　　　　No.4（LSP28-@150-BB.0-Un.Op-RM）

(a) 構面図　　　(b) 割付図　　　　　　　　　　(a) 構面図　　　(b) 割付図
No.5（LSP28-@75-BB.0-1Px1PCo.Op）　　　　　No.6（LSP28-@75-BB.0-1Px1PCe.Op）

(a) 構面図　　　(b) 割付図　　　　　　　　　　(a) 構面図　　　(b) 割付図
No.7（LSP28-@75-BB.0-1Px2PCo.Op）　　　　　No.8（LSP28-@75-BB.0-2Px1PCo.Op）

(a) 構面図　　　(b) 割付図　　　　　　　　　　(a) 構面図　　　(b) 割付図
No.9（LSP28-@75-BB.0-2Px2PCo.Op）　　　　　No.10（LSP28-@75-BB.0-2Px2PCo.Op-RM）

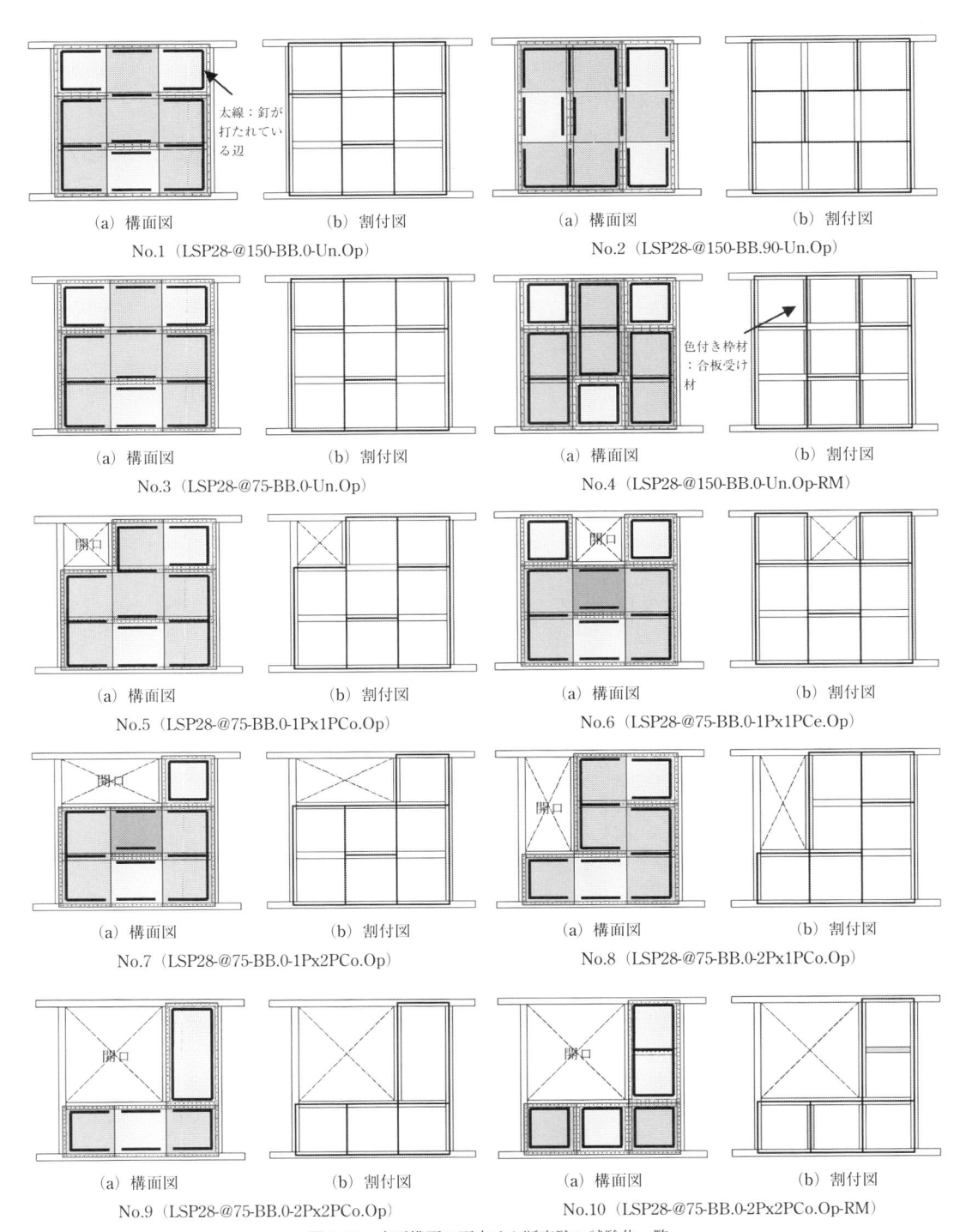

**図 4.61**　水平構面の面内せん断実験の試験体一覧
構面図中の太線は釘が打たれている辺，割付図中の太線は合板，細線は枠材，色付き枠材は合板受け材を意味する．

工法住宅の許容応力度設計』[6]中の「面材張り床水平構面の面内せん断試験」に準拠し，タイロッド式とした．試験体枠材の真のせん断変形角（以下，せん断変形角と称す）により制御し，正負交番繰返し加力において 1/600，1/450，1/300，1/200，1/150，1/100，1/75，1/50 rad を各 1 回繰り返した後，1/15 rad 付近まで一方向載荷した．

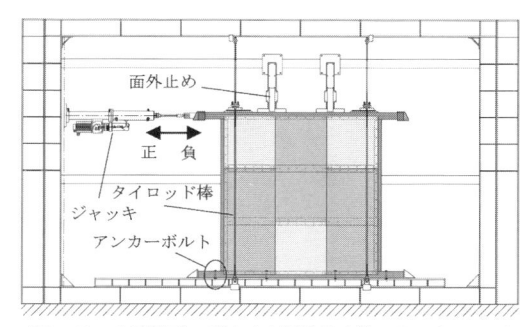

**図 4.62** 水平構面の面内せん断性能実験のセットアップ

**図 4.63** 梁－小梁，小梁－小梁接合金物

**図 4.64** 梁／小梁－合板受け材接合金物

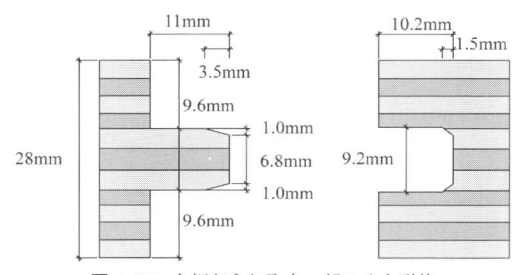

**図 4.65** 合板どうし取合い部のサネ形状

### b．実験結果

図 4.66 にせん断力 $Q$－せん断変形角 $\gamma$ 関係を示す．全試験体共通の最終破壊状況であった，釘の引抜けによる合板の浮上りの様子を図 4.67 に示す．破壊状況は合板の浮上りのほか，No.6～10 では合板どうしの衝突による合板の損傷が見られた．また，開口規模が 2P×2P の No.9 および No.10 では梁－小梁接合部付近において枠材に折損破壊が $\gamma=1/25$ rad 以降で生じた．No.9 においては，0.07 rad 時に生じた枠材の折損破壊による損傷の程度が小さかったため，顕著な荷重低下は見られなかったが，No.10 では，せん断変形角 0.05 rad 時の枠材の折損により，顕著な荷重低下が見られた（図 4.66，No.10）．以下に，各変動要因の比較を行う．

(1) 釘ピッチ

No.1（@150）と No.3（@75）から釘ピッチを狭めたことによりせん断剛性（1/150 rad 時の割線剛性），耐力ともに上昇した．

(2) 合板受け材の有無

合板受け材を設けていない No.1 と合板受け材を設けた No.4 を比較すると，No.4 は No.1 に比べ，せん断剛性，耐力の上昇が見られた．これは，合板受け材を設けたことにより，水平構面全体の釘配列 2 次モーメント $\Sigma I_{xy}$[3),7)] と釘配列係数 $\Sigma Z_{xy}$[3),7)] が上昇したためと考えられる．このことから，合板受け材は有効であった．

(3) 開口位置

開口位置がともに 1P×1P で，開口位置が異なる No.5 と No.6 を比較する．No.6 の方が，せん断剛性，最大耐力ともにわずかに高い値を示したが，その差は小さく，1 割程度である．よって，1P×1P 程度の開口規模であれば開口位置の違いが与える影響は小さい．

(4) 開口規模

釘ピッチ（@75）と開口位置（隅配置）が同じで，開口規模が異なる No.5, 7～10 の比較を行う．せん断剛性・耐力に関して，No.10（開口 2P×2P）の耐力が，No.7（開口 1P×2P）や No.8（開口 2P×1P）より高いことや，開口規模がともに 2P×2P の No.9 と No.10 のせん断剛性と耐力が大きく異なることから，開口規模が有開口水平構面の耐震性に対して，直接的に大きな影響を与えているとは言い難い．一方，水平構面全体の $\Sigma I_{xy}$ と $\Sigma Z_{xy}$（表 4.15 参照）に着目すると，$\Sigma I_{xy}$ の値が大きい水平構面ほどせん断剛性が，$\Sigma Z_{xy}$ の値が大きい水平構面ほどせん断耐力が高い傾向にあることがわかる．

これらのことから $\Sigma I_{xy}$ と $\Sigma Z_{xy}$ が水平構面の耐震性に影響を及ぼしていることがわかる．ただし，

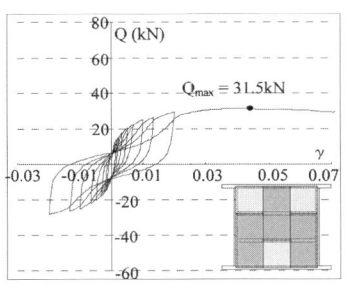

No.1（LSP28-@150-BB.0-Un.Op）　No.2（LSP28-@150-BB.90-Un.Op）　No.3（LSP28-@75-BB.0-Un.Op）

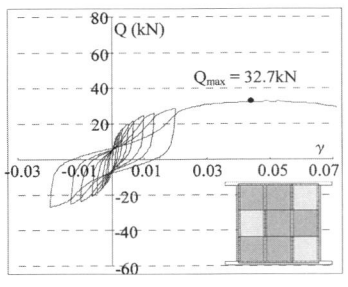

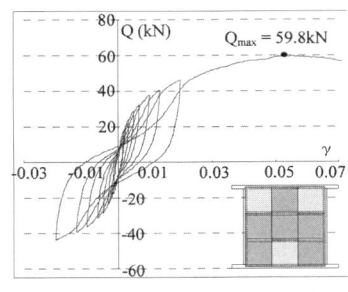

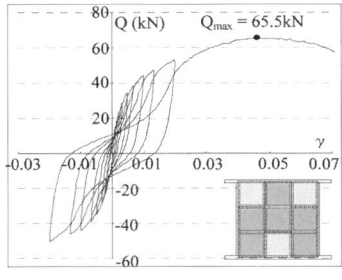

No.4（LSP28-@150-3B.0-Un.Op-RM）　No.5（LSP28-@75-BB.0-1Px1PCo.Op）　No.6（LSP28-@75-BB.0-1Px1PCe.Op）

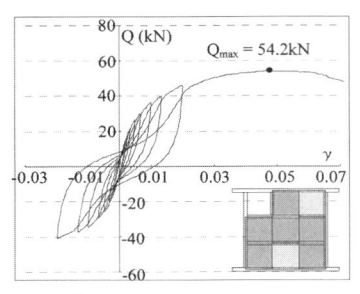

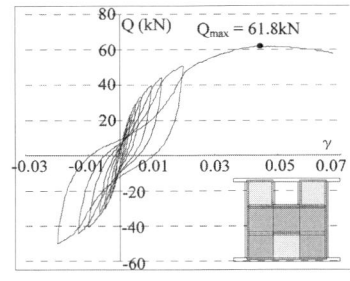

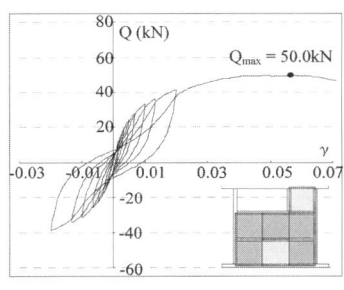

No.7（LSP28-@75-BB.0-1Px2PCo.Op）　No.8（LSP28-@75-BB.0-2Px1PCo.Op）　No.9（LSP28-@75-BB.0-2Px2PCo.Op）

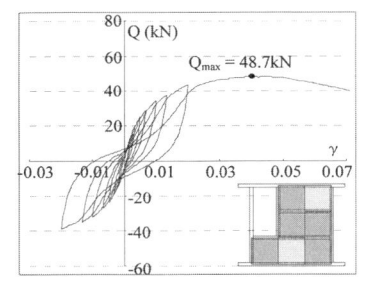

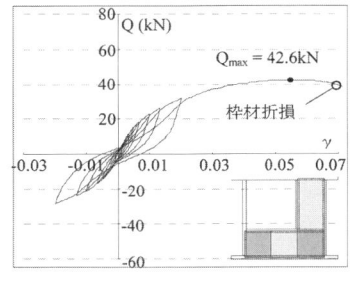

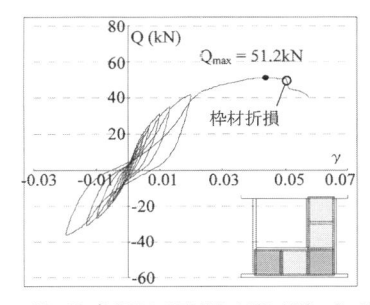

No.10（LSP28-@75-BB.0-2Px2PCo.Op-RM）

図 4.66　せん断力 $Q$-せん断変形角 $\gamma$ 関係

No.5，7〜10 のなかで $\Sigma I_{xy}$ と $\Sigma Z_{xy}$ それぞれの値が最も大きい No.10 がせん断剛性・耐力ともに最大値を示していないことから，水平構面全体に対して開口の占める割合が大きくなると，$\Sigma I_{xy}$ と $\Sigma Z_{xy}$ だけな

く，文献 7）で示されているように枠材の曲げ変形による影響を受けることがわかる．

（5）加力方向

No.1 と No.2 から加力方向の違いによる影響はほ

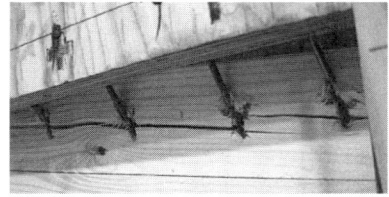

図 4.67 最終破壊状況例（No.3）

とんどないことがわかる．

▶ 4.3.4 枠材付き合板を用いた釘のせん断性能

a. 実験概要

1P×1P，1P×2P の合板を，釘配列を変化させて枠材に張った試験体の面内せん断試験を行い，水平構面を構成している合板の挙動を把握した．表 4.16 に試験体一覧，図 4.68 に試験体のセットアップ状況を示す．試験体は釘配列，試験体高さを変化させた 7 種各 1 体とした．試験体に用いた枠材，合板，釘は水平構面実験と同様とし，梁−梁接合部を短ほぞとホールダウン金物で接合した．釘ピッチは全て 150 mm とした．試験体は取付け梁中央をピンで固定し，下枠材を反力梁に固定し柱脚固定式で載荷した．また，試験体枠材の真のせん断変形角により制御し，正負交番繰返し加力において，1/600，1/450，

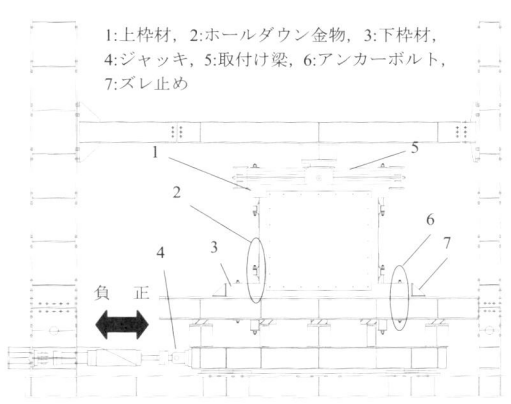

図 4.68 枠材付き合板を用いた釘せん断実験の試験体のセットアップ状況

1/300，1/200，1/150，1/100，1/75，1/50 rad を各 3 回繰り返した後，1P×1P 試験体においては 1/15 rad，1P×2P においては 1/20 rad まで一方向載荷した．また，枠材の負担力を調べるため，試験体ごとに枠材のみの加力も行った．枠材のみの加力は，正負交番繰り返し加力において 1P×1P 枠材では 1/15 rad，1P×2P 枠材では 1/20 rad を 2 回繰り返した．

b. 実験結果

全試験体において最大せん断耐力到達後，釘の引抜けによる合板の浮上りを確認した．図 4.69 に各試験体の枠材のみの試験体における 2 サイクル目の負担力を除去した $Q$-$\gamma$ 関係の包絡線を示す．図 4.69 に見られる最大せん断耐力到達後のせん断力の低下は，釘の引抜けが原因である．釘配置の違いによる影響を確認するため，図 4.70 に試験体ごとの釘の特異点を示す．ここでいう特異点とは，出現順に①合板隅角部に打たれた釘が降伏した点，②合板外周部に打たれた釘がすべて降伏した点，③隅角部に打た

表 4.16 枠材付き合板を用いた釘せん断実験の試験体一覧

| No. | 試験体名 | 寸法 幅×高さ (mm) | 面材 樹種 | 面材 厚さ (mm) | 釘ピッチ (mm) (CN75) | 釘配列2次モーメント $I_{xy}$(cm$^2$) | 釘配列係数 $Z_{xy}$(cm) | $Z_{xy}/I_{xy}$ | 特異点③の出現変形角 (rad×10$^2$) |
|---|---|---|---|---|---|---|---|---|---|
| I | LSP28-@150-1P-二の字 | 910×910 | カラマツ | 28 | 150 | 8011 | 249 | 0.031 | 0.036 |
| II | LSP28-@150-1P-コの字 | 910×910 | カラマツ | 28 | 150 | 11063 | 305 | 0.028 | 0.031 |
| III | LSP28-@150-1P-ロの字 | 910×910 | カラマツ | 28 | 150 | 14894 | 493 | 0.033 | 0.041 |
| IV | LSP28-@150-2P-ロの字 | 910×1820 | カラマツ | 28 | 150 | 38815 | 999 | 0.026 | 0.032 |
| V | LSP28-@150-2P-3の字 | 910×1820 | カラマツ | 28 | 150 | 24505 | 505 | 0.021 | 0.022 |
| VI | LSP28-@150-2P-三の字 | 910×1820 | カラマツ | 28 | 150 | 15134 | 389 | 0.026 | 0.030 |
| VII | LSP28-@150-2P-コ+一の字 | 910×1820 | カラマツ | 28 | 150 | 20652 | 460 | 0.022 | 0.027 |

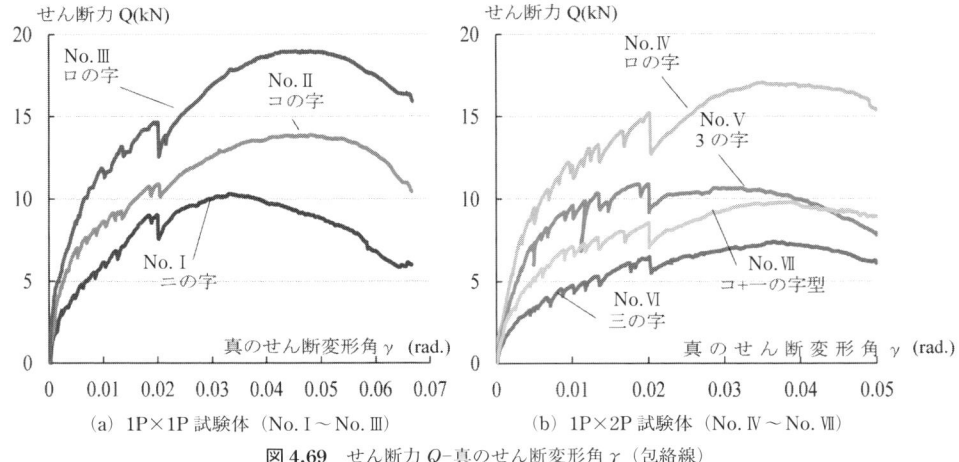

図 4.69 せん断力 $Q$-真のせん断変形角 $\gamma$（包絡線）

(a) 1P×1P 試験体（No. I～No. III）

(b) 1P×2P 試験体（No. IV～No. VII）

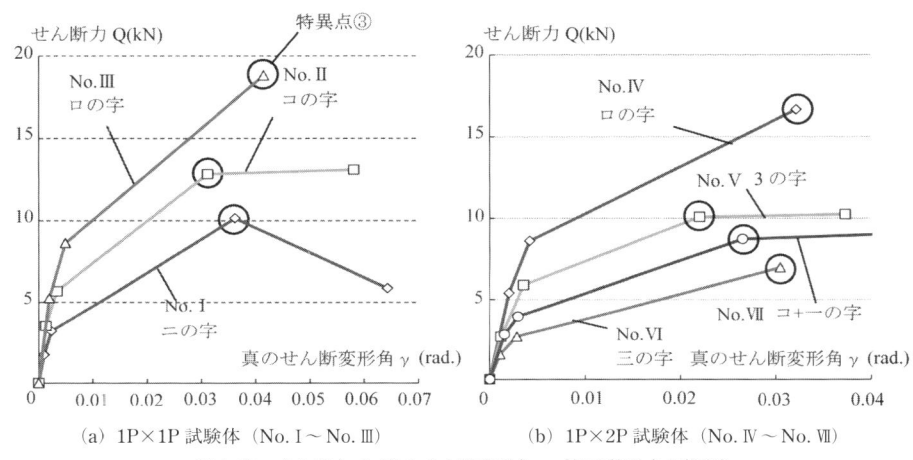

図 4.70 せん断力 $Q$-真のせん断変形角 $\gamma$（釘の特異点の推移）

(a) 1P×1P 試験体（No. I～No. III）

(b) 1P×2P 試験体（No. IV～No. VII）

れた釘が最大変位（最大せん断力時のすべり）を迎えた点，④隅角部に打たれた釘が終局変位（$0.8Q_{max}$時のすべり）を迎えたときの点，である．図4.70，表4.16 より，ロの字のように $I_{xy}$ が大きいものはニの字のように $I_{xy}$ が小さいものに比べ，せん断剛性が高く，$Z_{xy}$ が大きいものは高いせん断耐力を示した．また，多くの試験体において，特異点③が現れる変形角付近で最大耐力を迎えることと，$Z_{xy}/I_{xy}$ の値が大きい試験体ほど大きな変形角で特異点③が現れることが傾向として見られた．

**c. 水平構面試験体 No.1 との $Q$-$\gamma$ の包絡線の比較**

試験体 No. I, II, V, VI は水平構面試験におけるNo.1 試験体を構成する合板と同じ釘配列・釘ピッチである．そこで，No. I, II, V, VI の実験結果を足し合わせた値と水平構面実験の No.1 試験体の実験結果を比較し考察する．図4.71 に No. I, II, V, VI の実験結果を足し合わせた値と水平構面実験の No.1 試験体のせん断力 $Q$-せん断変形角 $\gamma$ の包絡線

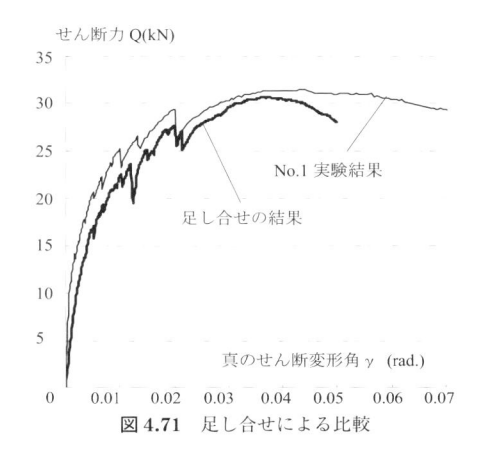

図 4.71 足し合せによる比較

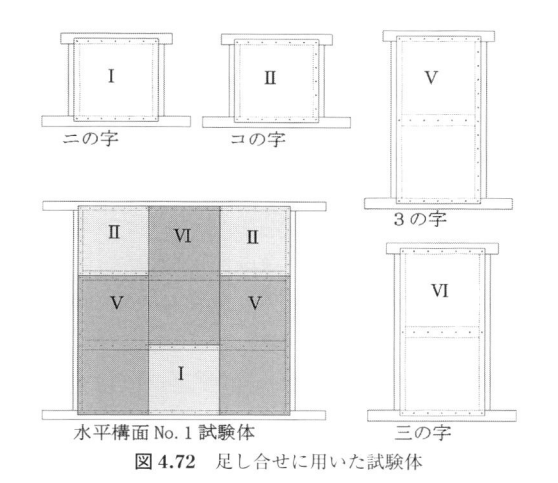

**図 4.72** 足し合せに用いた試験体

を比較したグラフ，ならびに図4.72に算出の際に用いた試験体の形状を示す．この結果より，複数の合板により構成されている水平構面では，本構法においては合板どうしの衝突や合板のサネによる摩擦などの影響は少なく，水平構面を構成する合板単体のせん断剛性・耐力を評価し，それらを足し合わせることで，無開口の水平構面を評価できると考えられる．

### ▶ 4.3.5 有開口水平構面のせん断剛性・耐力の評価

#### a. 有効係数

枠組壁工法による，有開口耐力壁の耐力に関する評価法のひとつに杉山式[8]がある．通常，枠組壁工法では面材の四周に釘打ちするが，4.3.3項の試験体のなかで，水平構面を構成する全合板について，それが満たされている試験体はNo.4とNo.10だけで

ある．しかし，釘ピッチ@75の試験体に対して杉山式の評価を用いると図4.73の実線のようになる．4.3.3項の実験で得られた実験値と比較すると，開口による耐力低下の傾向は捉えているが，大きく安全側になっていることがわかる．また，在来軸組工法の有開口大壁を対象とした文献7）では，柱を剛とした略算モデルと，柱の曲げ変形を考慮したモデルを示している．開口を有する耐力壁では，略算モデルを用いて実験結果の評価を行っているが，垂壁・腰壁のみからなる有開口壁については，柱の曲げ変形の影響が大きく，柱の曲げ変形を考慮したモデルを用いた評価の方が，高い精度を示すことが示されている．

本論文では簡便性を重視し，開口の大きさにより，その影響を考慮することとした．そこで，ここでは文献7）と文献8）の考え方を参考に，図4.74中の式（4.12），（4.13）のように，せん断剛性・耐力それぞれの有効係数 $C_k$, $C_q$ を提案する．剛性有効係数 $C_k$ は，無開口水平構面と有開口水平構面を構成するそれぞれの $\Sigma I_{xy}$ の比と，開口比，奥行き比の影響を表す式（以下，開口影響係数と称す）の積で表したものである．開口影響係数は，4.3.3項の実験における，せん断変形角 $\gamma = 1/150$ rad 時の割線剛性から得られた傾向を考慮したものである．耐力有効係数 $C_q$ は，無開口水平構面と有開口水平構面を構成するそれぞれの $\Sigma Z_{xy}$ の比と，開口影響係数の積で表したものである．

表4.17に，4.3.3項の実験における，No.3を基準

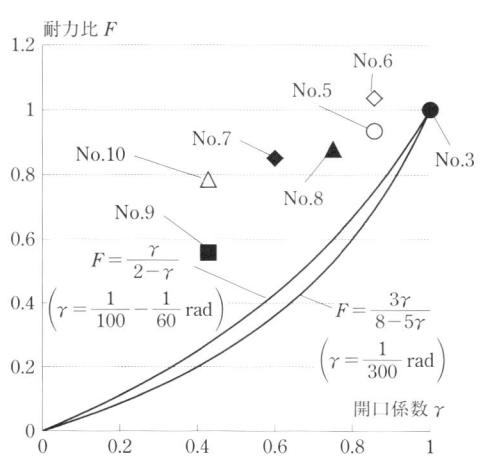

$$F = \frac{3\gamma}{8-5\gamma} \quad \left(\gamma = \frac{1}{300} \text{ rad}\right)$$

$$F = \frac{\gamma}{2-\gamma} \quad \left(\gamma = \frac{1}{100} - \frac{1}{60} \text{ rad}\right)$$

$$\gamma = \frac{1}{1+\alpha/\beta}, \ \alpha = \frac{\Sigma A_i}{H \cdot L}, \ \beta = \frac{\Sigma L_i}{L}$$

$F$：耐力比（＝有開口水平構面/無開口水平構面，（$\gamma = 1/150$ rad））
$\alpha$：開口面積比，$A_i$：開口部の面積（mm²）
$H$：床高さ（mm），$L$：床幅（mm），$\beta$：壁長比
$L_i$：開口部がない部分の床幅（mm）

**図 4.73** 実験値（$\gamma = 1/150$ rad）と杉山式[6]の比較

### 4.3 水平構面の力学的挙動

【剛性有効係数 $C_k$】

$$C_k = \frac{K_{op}}{K_{noop}} = \frac{\sum_{i}^{n} I_{xy,i}}{\sum_{j}^{m} I_{xy,j}} \left\{ 1 - \frac{A_{op}}{A_f} \left( 1 - \frac{\sum_{k}^{u} l_k}{L} \right) \right\} \quad \cdots(4.12)$$

【耐力有効係数 $C_q$】

$$C_q = \frac{Q_{op}}{Q_{noop}} = \frac{\sum_{i}^{n} Z_{xy,i}}{\sum_{j}^{m} Z_{xy,j}} \left\{ 1 - \frac{A_{op}}{A_f} \left( 1 - \frac{\sum_{k}^{u} l_k}{L} \right) \right\} \quad \cdots(4.13)$$

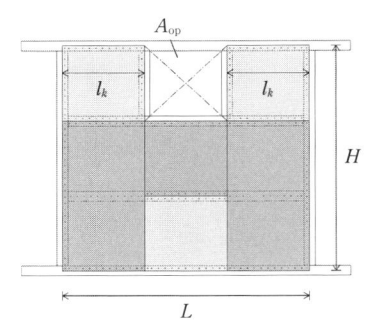

$C_k$:剛性有効係数,$K_{op}$:有開口水平構面のせん断剛性,$K_{noop}$:無開口水平構面のせん断剛性,$A_{op}$:開口面積,$A_f$:水平構面面積($H \times L$),$l_k$:開口部横の無開口部分の幅,$u$:開口部横の無開口部分の数,$L$:水平構面幅,$C_q$:耐力有効係数,$Q_{op}$:有開口水平構面の耐力,$Q_{noop}$:無開口水平構面の耐力,$Z_{xy,i}$,$Z_{xy,j}$:各構成合板の釘配列係数[3),7)],$m$:無開口水平構面の構成合板枚数,$n$:有開口水平構面の構成合板枚数,$I_{xy,i}$,$I_{xy,j}$:各構成合板の釘配列2次モーメント[3),7)]

図4.74 式(4.12),(4.13)中の記号の説明

表4.17 剛性比・耐力比と各係数

| 試験体 No | 実験値 | | 提案式 | | | | |
|---|---|---|---|---|---|---|---|
| | 剛性比 | 最大耐力比 | $\Sigma I_{xy}/\Sigma I_{xyNo.3}$ | $\Sigma Z_{xy}/\Sigma Z_{xyNo.3}$ | 剛性比/$(\Sigma I_{xy}/\Sigma I_{xyNo.3})$ | 最大耐力比/$(\Sigma Z_{xy}/\Sigma Z_{xyNo.3})$ | 開口影響係数 |
| No.1 | 0.69 | 0.53 | 0.55 | 0.56 | 1.26 | 0.94 | 1.00 |
| No.2 | 0.65 | 0.55 | 0.55 | 0.56 | 1.19 | 0.97 | 1.00 |
| No.3 | 1.00 | 1.00 | 1.00 | 1.00 | 1.00 | 1.00 | 1.00 |
| No.4 | 1.19 | 1.09 | 0.95 | 1.14 | 1.25 | 0.96 | 1.00 |
| No.5 | 0.93 | 0.91 | 0.95 | 0.90 | 0.98 | 1.00 | 0.96 |
| No.6 | 1.04 | 1.03 | 1.04 | 1.16 | 1.00 | 0.89 | 0.96 |
| No.7 | 0.85 | 0.84 | 0.86 | 0.91 | 0.98 | 0.92 | 0.85 |
| No.8 | 0.88 | 0.81 | 0.85 | 0.84 | 1.03 | 0.97 | 0.93 |
| No.9 | 0.56 | 0.71 | 0.77 | 0.88 | 0.73 | 0.81 | 0.70 |
| No.10 | 0.79 | 0.86 | 0.98 | 1.25 | 0.80 | 0.68 | 0.70 |

とした各試験体の剛性比と最大耐力比,$\Sigma I_{xy}$の比,$\Sigma Z_{xy}$の比,剛性比/$\Sigma I_{xy}$の比,最大耐力比/$\Sigma Z_{xy}$の比,開口影響係数を示した.この表から,2P×2Pの開口をもつ No.9 と No.10 以外の有開口試験体(No.5 ~No.8)に対しては,$\Sigma I_{xy}$ と $\Sigma Z_{xy}$ が支配的であり,No.9 と No.10 に対しては,開口影響係数の影響も大きいことがわかる.

**b. 実験値と評価値の比較**

実験値と有効係数を用いた評価値の比較を行う.また,既往の評価式との比較も行う.ここで対象とする既往の評価式を以下に示す.

(1) 杉山式[8)]
(2) 枠組壁工法建築構造計算指針[7)] による評価法(以下,枠組式と称す)
(3) 文献6) 中の「面材張り大壁の詳細設計法」による評価法(以下,軸組式と称す)

これらの式の適用方法は以下のようである.

(1) 杉山式[8)]

(a) 耐力比評価: 有開口試験体 No.3 を基準とし,$\gamma = 1/100 \sim 1/60$ rad の式を用いて評価した.

(b) 剛性比評価: 杉山式から求まる 1/300 rad 時の耐力と 1/100 rad 時の耐力を線形補完し 1/150 rad の耐力を求め,そこから 1/150 rad の割線せん断剛性を求めた.その値を有開口水平構面の剛性とした.

(2) 文献9) による評価法

(a) 耐力比評価:

$$Q = \min \begin{cases} Q_0 \cdot \dfrac{1-\alpha}{1-\alpha+\alpha\beta}, \alpha = \dfrac{l_w}{L}, \beta = \dfrac{h_w}{H} \\ f_s \cdot (1-\alpha) \cdot L \cdot t \end{cases}$$

ここで,$Q$:開口を含む壁の1つの面の面内せん断耐力,$Q_0$:無開口耐力壁の面内せん断耐力,$H$:耐力壁の高さ,$L$:耐力壁の長さ,$h_w$:開口の高さ

の最大値，$l_w$：開口の長さの合計，$t$：面材の厚さ，$f_s$：面材のせん断強度である．なお，ここでは面材は剛体として扱った．

(b) 剛性比評価：

$$K = K_0 \cdot \frac{1-\alpha}{1-\alpha+\alpha\beta}, \alpha = \frac{l_w}{L}, \beta = \frac{h_w}{H}$$

ここで，$K$：開口を含む壁の1つの面の面内せん断剛性，$K_0$：無開口耐力壁の面内せん断剛性である．

基準となる無開口耐力壁の剛性，耐力は試験体No.3の値を用いた．

(3) 文献6) 中の「面材張り大壁の詳細設計法」による評価法

面材釘1本あたりの1面せん断の数値には，4.3.2項で行った釘接合部試験「LSP28-CN75 平行」のせん断力-すべり関係を完全弾塑性モデル化したときの各値を用い，合板は剛体とした．

(a) 耐力比評価：文献6) 中の「面材張り大壁の詳細設計法」に従い構面を構成する合板単体の耐力を算出し，文献7) を参考にそれらを足し合わせることで得られる値を有開口水平構面の耐力とした．なお，柱は剛として扱った．試験体No.3に対して得られる値で基準化した．

(b) 剛性比評価：文献6) 中の「面材張り大壁の詳細設計法」から求まる各面材の回転剛性の足し合せを有開口水平構面の回転剛性とし，その値と有開口水平構面試験体の辺長（2730 mm）から変形角 1/150 rad 時の割線せん断剛性を求めた．この値を有開口水平構面試験体の剛性とした．試験体No.3に対して得られる値で基準化した．

図4.75に耐力，図4.76に剛性について4.3.3項で示した実験値と上記各評価式の比較を示す．縦軸に（実験値/評価値）を，横軸に試験体No.を示す．

枠組壁工法を対象とした杉山式と枠組式について検討を行う．釘ピッチが同じ試験体No.3，5〜10（@75）の値を比較すると，開口に対する低減率が大きく，実験値を過小評価することがわかる．釘ピッチが異なる同形状の試験体No.1（@150）とNo.2（@150）に対しては過大評価することがわかる．杉山式の開口係数と枠組式の低減係数は，開口比と奥行き比のみを考慮しており，釘ピッチや合板受け材

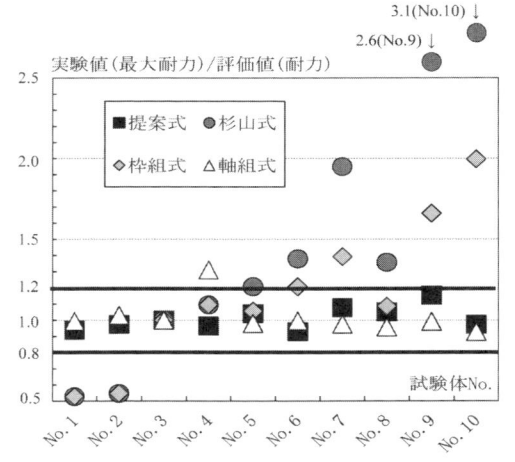

図4.75 有開口水平構面の耐力比比較

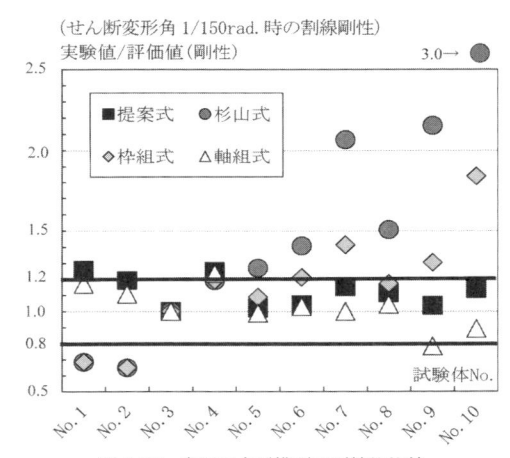

図4.76 有開口水平構面の剛性比比較

図4.77 試験体No.10の変形の様子

の有無などによる釘配列の影響を考慮していないことや，枠組壁工法で用いられる枠材に比べ，実験で用いた枠材の曲げ剛性が大きかったこと，前述のよ

表 4.18 実験値と有効係数を用いた評価値の比較結果

| 試験体 No. | 試験体名 | 剛性 (kN/rad) | | | 耐力 (kN) | | |
|---|---|---|---|---|---|---|---|
| | | 評価値 $K_c150$ | 実験値 $K_e150$ | 比率 $K_e150/K_c150$ | 評価値 $Q_{cmax}$ | 実験値 $Q_{emax}$ | 比率 $Q_{emax}/Q_{cmax}$ |
| No.1 | LSP28-@150-BB.0-Un.Op | 2636 | 3319 | 1.26 | 33.6 | 31.5 | 0.94 |
| No.2 | LSP28-@150-BB.90-Un.Op | 2636 | 3145 | 1.19 | 33.6 | 32.7 | 0.97 |
| No.3 | LSP28-@75-BB.0-Un.Op | 4834 | 4834 | 1.00 | 59.8 | 59.8 | 1.00 |
| No.4 | LSP28-@150-BB.0-Un.Op-RM | 4611 | 5765 | 1.25 | 67.9 | 65.5 | 0.96 |
| No.5 | LSP28-@75-BB.0-1P×1PCo.Op | 4421 | 4513 | 1.02 | 52.0 | 54.2 | 1.04 |
| No.6 | LSP28-@75-BB.0-1P×1PCe.Op | 4821 | 5021 | 1.04 | 66.5 | 61.8 | 0.93 |
| No.7 | LSP28-@75-BB.0-1P×2PCo.Op | 3558 | 4104 | 1.15 | 46.4 | 50.0 | 1.08 |
| No.8 | LSP28-@75-BB.0-2P×1PCo.Op | 3812 | 4249 | 1.11 | 46.3 | 48.7 | 1.05 |
| No.9 | LSP28-@75-BB.0-2P×2PCo.Op | 2608 | 2701 | 1.04 | 36.9 | 42.6 | 1.15 |
| No.10 | LSP28-@75-BB.0-2P×2PCo.Op-RM | 3342 | 3805 | 1.14 | 52.6 | 51.2 | 0.97 |

$K_{150}$：せん断変形角 $\gamma=1/150$ rad 時の割線剛性，$Q_{max}$：各試験体の耐力

うに，面材の四周に釘打ちされた試験体は No.4 と No.10 しかないこと，枠組式については，これらに加えて No.10 が，開口の大きさや位置により定められる枠組式の適用範囲を外れているため，適用範囲を満たす試験体が No.4 のみであったことが原因と考えられる．

次に，軸組式について検討する．釘 1 本あたりの 1 面せん断の数値には 4.3.2 項で行った釘接合部試験「LSP28-CN 平行」のせん断力 $Q$–すべり $\Delta$ 関係を完全弾塑性モデル化して用いた．

図 4.75, 図 4.76 から軸組式は概ね精度よく評価できているが，開口が大きい試験体（No.9 と No.10）では，剛性を過大評価する場合がある．これは，軸組式は枠材を剛体として扱っているためと考えられる．図 4.77 からもわかるように試験体 No.10 の枠材は曲げ変形が生じている．そのため釘の効き方が，想定したものと異なったと考えられる．

基準となる無開口水平構面試験体の実験結果に有効係数を乗じることで得られた評価値（以下，提案式と称す）について検討を行う．提案式は，どの試験体においても剛性・耐力ともに，軸組式と同程度以上の精度を示している（表 4.18）．

## 4.4 モーメント抵抗接合部の力学的挙動

▶ 4.4.1 モーメント抵抗接合の例

モーメント抵抗接合の例を図 4.78 に示す．

(1) ガセット板型

ガセット板型はガセットプレートと呼ばれる鋼板を木材に添えるタイプと鋼板を木材に挿入するタイプがある．そのガセットプレートに孔があいていてボルト，ドリフトピン，釘などによって接合する．特にドリフトピンを用いる場合は鋼板挿入型となる．

建設現場で重く，大きな鋼板ガセットを集成材に挿入し多数のドリフトピンを現場で打ち込むという作業は施工性が悪く，精度が確保できない．そこで接合部をあらかじめ設備の整った工場内で完成させておき，プレファブ化された部材を現場に搬入して鋼板どうしを数本のハイテンションボルトで接合部を完成させるという改良型モーメント抵抗接合が提案されている．

ガセット型モーメント抵抗接合は適切な設計を行えば，初期剛性・終局耐力・靭性のいずれにおいても満足することが可能であるため集成材 3 階建て庁舎建築をはじめ，大小様々な木造ラーメン構造に採用されてきた．しかし接合具の有効長さ $l$ と直径 $d$ の比 $l/d$ を 8〜10 倍以上とること，端距離を $7d$ 以

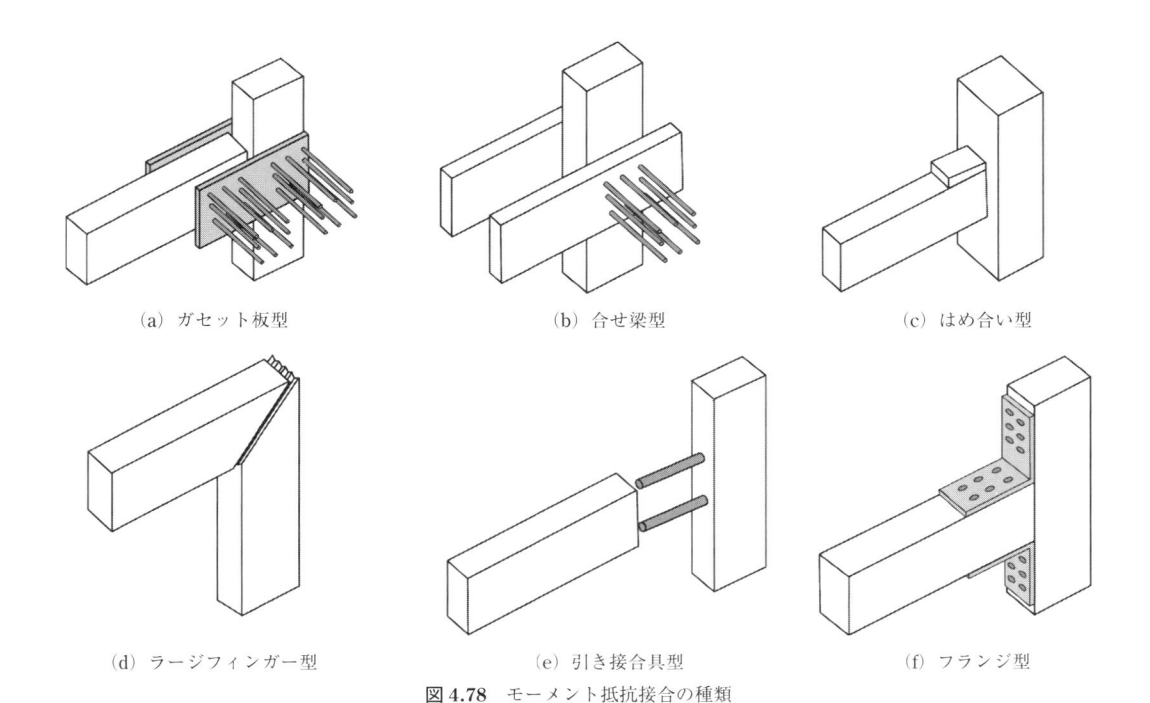

(a) ガセット板型　　(b) 合せ梁型　　(c) はめ合い型

(d) ラージフィンガー型　　(e) 引き接合具型　　(f) フランジ型

**図 4.78** モーメント抵抗接合の種類

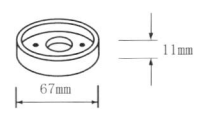

(a) シアプレート　　(b) スプリットリング

**図 4.79** 合せ梁に用いる接合具

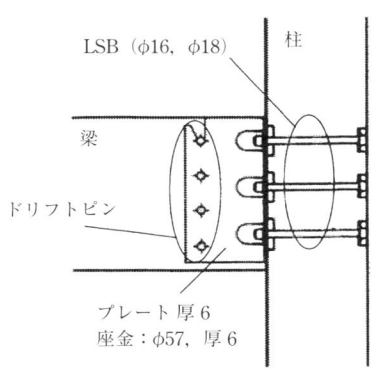

上，縁距離を $4d$ 以上，接合具間隔を $7d$ 以上十分とることを前提条件としているため，接合部が大きくなりがちである．部材寸法が接合寸法から決定されて不経済であるとの考えもある．

(2) 合せ梁型

接合具にはシアプレートやスプリットリングが用いられる（図 4.79）．木材と木材，または木材と鋼板の間にだぼのように挟み込み，相互のずれに抵抗する．合せ梁型もガセット型同様接合部が大きくなることから，柱の長方形断面になり，2方向ラーメンをつくることができない．

(3) はめ合い型

伝統的な木造建築に数多くの種類が見られ，前述のように接合具や応力伝達を必要としない．これらの接合は近代的な力学概念がない時代につくられてきたもので，応力の種類にもよるが，概して接合の強度は小さい．

**図 4.80** 接合方法

(4) ラージフィンガー型

木材と木材の接着接合．フィンガーの長さが 40 mm に近いものをラージフィンガーと呼ぶ．

(5) 引き接合具型（引きボルト型）

引きボルトを上下にずらすことによって2方向ラーメンをつくることができるのが特徴である．引張ボルトには大きな引張力が働くので PC 鋼棒を用いるのが一般的である．このタイプは梁の柱への部分圧縮，いわゆるめり込みの強度が問題になる．

(6) フランジ型

柱から持ち出した鋼板などを，梁フランジ部分にせん断ボルトやラグスクリューなどの接合具で留め

4.4 モーメント抵抗接合部の力学的挙動

表 4.19 試験体（引抜き実験）

| 試験体名 | 材せい $D$ (mm) | 材長 $L$ (mm) | 材幅 $W$ (mm) | 試験体数 | 樹種 | 構成 | 強度等級 | 気乾比重 | 含水率(%) |
|---|---|---|---|---|---|---|---|---|---|
| D120 | 120 | 360 | 120 | 各6体* | オウシュウアカマツ集成材 | 同一等級構成 | E95-F315 | 0.52 | 7.08 |
| D240 | 240 | 720 | | | | 対称異等級構成 | E105-F300 | 0.50 | 8.48 |
| D300 | 300 | 900 | | | | | | 0.49 | 7.69 |

* D240, D300 の各1体は加力方法が異なる．

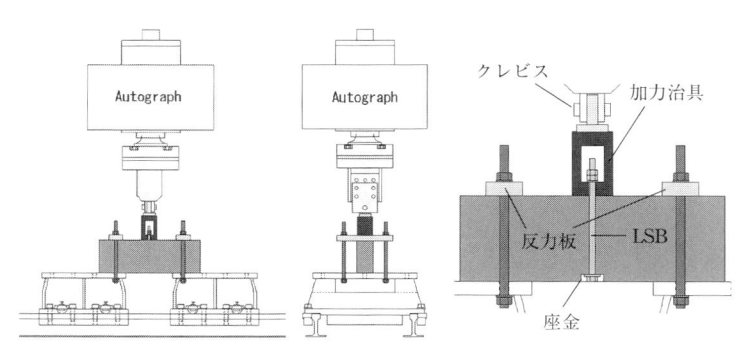

図 4.81 LSB引抜き実験試験体セットアップ

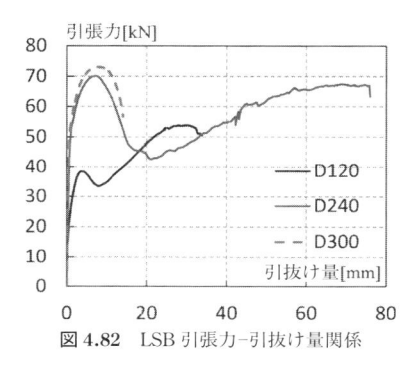

図 4.82 LSB引張力－引抜け量関係

表 4.20 LSB引抜き実験結果

| 試験体名 | 初期剛性 (kN/mm) | 降伏耐力 (kN) |
|---|---|---|
| D120 | 15.56 | 46.66 |
| D240 | 65.18 | 68.38 |
| D300 | 85.87 | 68.06 |

付けるものであるが，柱のめり込みが最も問題でメカニズム上は引きボルト型と同じである．

### ▶ 4.4.2 鋼板挿入式ドリフトピン接合システム

ここで用いる接合方法は，図 4.80 のようなラグスクリューボルト（以下，LSB）を用いた鋼板挿入式ドリフトピン接合である．まず，柱に LSB を貫入し，金物鋼板を取り付ける．その後，スリット加工された梁にあらかじめ最上段のドリフトピンのみ打ち込み，金物鋼板に引っ掛けるように挿入する．さらに残りのドリフトピンを打ち込むことで接合するものである．柱に LSB を用いることで，ねじ部の性状によりボルト自体の引抜き抵抗力のみならず圧縮にも抵抗することが期待できるため，高い接合効率が期待できる．また，引張時にボルトによる接合では座金のめり込みに頼っていたため，座金に十分な面積と厚さが必要であったものが解消できると考えられる．

### ▶ 4.4.3 ラグスクリューボルト引抜実験

#### a. 実験概要

接合部に用いる LSB の引抜性状を確認するための実験を行った．柱を想定した集成材の繊維直交方向に打ち込んだ LSB に対して静的単調引張載荷（載荷速度 2.0 mm/min）を行った．

#### b. 試験体

表 4.19 に試験体，図 4.81 にセットアップ図を示す．計測は加力治具から集成材の材軸までの変位を表裏1ヵ所ずつ計測し，その平均値を LSB 引抜け量とした．集成材下端からボルトの動き（めり込み量）も同時に計測した．

#### c. 実験結果

図 4.82 に LSB 引張力－引抜け量関係を示す．示し

た関係は，各試験体の平均値を示している．また，これらを完全弾塑性型のバイリニア近似したときの各値を表 4.20 に示す．この値を接合部の断面解析で用いている．D120 と D240 は一度引張力が低下した後に再度上昇する．破壊性状はまずシアリング加工を施した部分が剝離し始め，ほぼ同時に 1 回目の引張力低下が生じる．その後，座金のめり込みが大きくなると再度引張力が上昇し，木口の割れあるいはラミナの剝離割裂により引張力が低下した．D300 はボルトの引抜けより先に，LSB 上部のねじ部分が破断した．

### ▶ 4.4.4 柱–梁接合部の曲げ実験

#### a. 試験体概要

表 4.21 に試験体一覧を示す．樹種は柱・梁ともにオウシュウアカマツ集成材である．柱断面 120 mm × 120 mm には同一等級集成材 E95-F315 を，それ以外の部材には異等級集成材 E105-F300 を用いた．試験体に用いた集成材および金物などの情報を表 4.22 に示す．試験体断面は，柱，梁ともに幅 120 mm で一定とし，柱のせいを 120，240，300 mm，梁のせいを 300，390，500 mm と変化させた．また，LSB は柱のせいが 120 mm の試験体には φ16 を，それ以外には φ18 を用いた．Γ 形，ト形，十字形の 3 つの形状について実験を行った．試験体数は Γ 形 20 体，ト形 22 体，十字形 8 体の合計 50 体である．

#### b. 実験概要

図 4.83 にセットアップと計測計画を示す．Γ 形試験体は図 4.83（a）に示すように柱を M16 アンカーボルトで鉄骨治具に固定し，柱の軸心から 900 mm の位置で梁に加力をした．試験体を固定するアンカーボルトには 100 N·m のトルクを入れ，金物鋼板の固定はバネワッシャーが潰れてからナットを 180 度回転させ全て統一した．ト形・十字形試験体は図 4.83（b）（c）に示すように柱脚のピンと 2 方向ピン型ロードセルの高さが同じになるように設置し，Γ 形試験体と同様に金物鋼板の固定は全てバネワッシャーが潰れてからナットを 180 度回転させ統一した．図に示すように Γ 形の加力方向と同様に，金物鋼板の切欠がある側の接合部が開く方向を正とした．また，加力点高さは Γ 形と同様に柱と梁の軸心

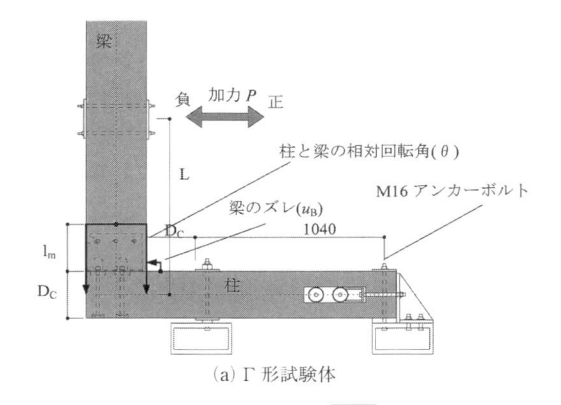

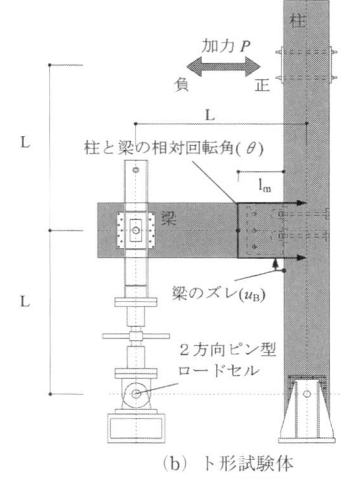

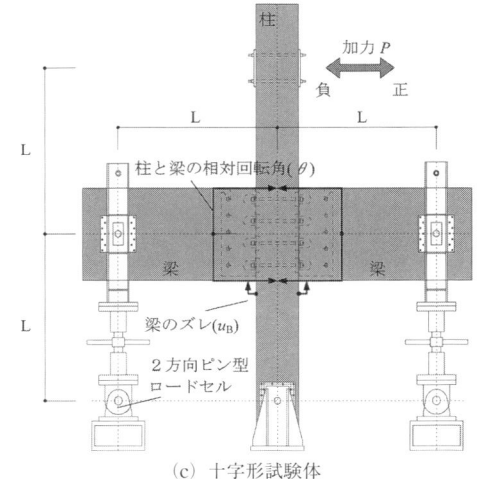

(a) Γ 形試験体

(b) ト形試験体

(c) 十字形試験体

**図 4.83** 柱–梁接合部の曲げ実験のセットアップと計測計画

から 900 mm の位置とした．

全試験体ともに，梁の部材角 $R$，柱と梁の回転角 $\theta$，梁のズレ $u_B$ を計測した．柱と梁の回転角 $\theta$ は危険断面から梁の軸心上 $l_m = 242$ mm の位置と柱の軸心との相対変位から求めた．また，ト形・十字形試

表 4.21 柱・梁接合部の曲げ実験の試験体一覧

| | Γ形 | | | | ト形 | | | | 十字形 | |
|---|---|---|---|---|---|---|---|---|---|---|
| 試験体 | | | | | | | | | | |
| 試験体名称 | MG-L16-C12B50 | MG-L16-C12B39 | MG-L16-C12B30 | MT-L16-C12B50 | MT-L16-C12B39 | MT-L16-C12B30 | MT-L16-C12B30D | MC-L16-C12B30 | MC-L16-C12B3039 |
| 試験体数 | 1体 | 1体 | 3体 | 1体 | 1体 | 3体 | 1体 | 3体 | 1体 |
| 柱断面 | 120×120 | 120×120 | 120×120 | 120×120 | 120×120 | 120×120 | 120×120 | 120×120 | 120×120 |
| 梁断面 | 120×500 | 120×390 | 120×300 | 120×500 | 120×390 | 120×300 | 120×300 | 120×300 | 120×390 |
| ドリフトピン | 5本 | 4本 | 3本 | 5本 | 4本 | 3本 | 3本 | 3本 | 3本 |
| ボルト種類×本数 | L16×4 | L16×3 | L16×2 | L16×4 | L16×3 | L16×2 | L16×2 | L16×2 | L16×3 |
| 観測された破壊形式 | 柱の曲げ破壊 | 柱木口の割れ | 柱木口の割れ | 柱のせん断破壊 | 柱の曲げ・せん断破壊 | 破壊なし | 柱のせん断破壊 | 柱の曲げ・せん断破壊 | 柱の曲げ・せん断破壊 |
| 最終的な破壊形態 | 柱の曲げ破壊 | 柱木口からの割れ | 柱木口からの割れ | 柱のせん断破壊 | 柱のせん断破壊 | 破壊なし | 柱のせん断破壊 | 柱のせん断破壊 | 柱のせん断破壊 |

| | Γ形 | | | ト形 | | | | 十字形 | |
|---|---|---|---|---|---|---|---|---|---|
| 試験体 | | | | | | | | | |
| 試験体名称 | MG-L18-C24B50 | MG-L18-C24B39 | MG-L18-C24B30 | MT-L18-C24B50 | MT-L18-C24B39 | MT-L18-C24B30 | MT-L18-C24B39D | MC-L18-C24B50 | MC-L18-C24B3050 |
| 試験体数 | 3体 | 3体 | 3体 | 3体 | 3体 | 3体 | 1体 | 3体 | 3体 |
| 柱断面 | 120×240 | 120×240 | 120×240 | 120×240 | 120×240 | 120×240 | 120×240 | 120×240 | 120×240 |
| 梁断面 | 120×500 | 120×390 | 120×300 | 120×500 | 120×390 | 120×300 | 120×390 | 120×500 | 120×500 |
| ドリフトピン | 5本 | 4本 | 3本 | 5本 | 4本 | 3本 | 3本 | 5本 | 5本 |
| ボルト種類×本数 | L18×4 | L18×3 | L18×2 | L18×4 | L18×3 | L18×2 | L18×3 | L18×4 | L18×3 |
| 観測された破壊形式 | 柱木口・曲げ破壊 | 柱木口の割れ | 柱木口の割れ | 柱のせん断破壊 | 破壊なし | 梁木口の割れ | 破壊なし | 柱の曲げ・せん断破壊 | 柱の曲げ・せん断破壊 |
| 最終的な破壊形態 | 柱の曲げ破壊 | 梁木口からの割れ | 柱木口からの割れ | 柱のせん断破壊 | 破壊なし | 梁木口からの割れ | 破壊なし | 柱のせん断破壊 | 柱のせん断破壊 |

| | Γ形 | ト形 |
|---|---|---|
| 試験体 | | |
| 試験体名称 | MG-L18-C30B50 | MT-L18-C30B39 |
| 試験体数 | 3体 | 3体 |
| 柱断面 | 120×300 | 120×300 |
| 梁断面 | 120×500 | 120×500 |
| ドリフトピン | 5本 | 4本 |
| ボルト種類×本数 | L18×4 | L18×3 |
| 観測された破壊形式 | 柱・梁の木口の割れ | 梁木口の割れ |
| 最終的な破壊形態 | 柱木口からの割れ | 梁木口からの割れ |

表 4.22 材料特性（接合部実験）

| 木材 | | | | | | | |
|---|---|---|---|---|---|---|---|
| 樹種 | 構成 | 強度等級 | 曲げヤング係数 (kN/mm$^2$) | 曲げ強さ (N/mm$^2$) | 含水率 (％) | 気乾比重 | 使用箇所 |
| オウシュウアカマツ集成材 | 同一等級構成 | E95-F315 | 12.9 | 68.7 | 9.1 | 0.58 | 柱 120×120 |
| | 対称異等級構成 | E105-F300 | 12 | 46.3 | 9.3 | 0.53 | その他 |

| 金物 | 径 | 材質 | 使用箇所 |
|---|---|---|---|
| ラグスクリューボルト | φ16 | 強度区分 4.8 | 柱せい 120 |
| | φ18 | SNR490B | 柱せい 240, 300 |
| ドリフトピン | φ20 | SR235 | 梁 |
| 金物鋼板 | — | SS400 | 柱 |

験体は梁に加わるせん断力を 2 方向ピン型ロードセルによって計測した．

図 4.83 中の加力点にアクチュエータにより水平力を与え，梁の部材角 $R$ の変位制御で載荷を行った．部材角 $R$ を 1/600 〜 1/30 rad まで，各サイクル 3 回ずつ正負交番繰返し載荷とした．また，最大荷重に達した後，最大荷重の 80% に低下するか，試験体の部材角 $R$ が 1/10 rad に達した時点で加力終了とした．

#### c. 破壊性状

今回の柱と梁の組合せにより生じた破壊について述べる．表 4.21，図 4.84 に示すように，Γ 形試験体では柱の曲げ破壊，柱の繊維方向のせん断破壊，柱の木口からの割れによる破壊が見られた．また，ト形試験体では柱の曲げ破壊，柱の繊維方向のせん断破壊，梁の木口からの割れによる破壊，十字形試験体では柱の曲げ破壊，柱の繊維方向のせん断破壊が主に見られた．全試験体を通して柱の曲げ破壊は柱断面 120 mm×120 mm の試験体に多く見られた．また，最終破壊は柱の繊維方向のせん断破壊によるものが多かった．

#### d. 実験結果

図 4.84 に Γ 形・ト形・十字形試験体のモーメント $M$–部材角 $R$ 関係とモーメント $M$–柱と梁の相対回転角 $\theta$ 関係を示す．図中に示した $K_\theta$，$K_R$ は $M$–$\theta$ 関係，$M$–$R$ 関係をバイリニアに近似したときの初期剛性である．モーメント $M$ の計算に用いる梁のせん断力は Γ 形では加力点におけるアクチュエータの水平力を，ト形・十字形では 2 方向ピン型ロードセルで計測した値を用い，柱と梁の相対回転角 $\theta$ 測定位置でのモーメント $M$ の値としている．図 4.84 は Γ 形・ト形・十字形試験体をそれぞれ柱の断面寸法によって分類している．

モーメント $M$–部材角 $R$ 関係，モーメント $M$–柱と梁の相対回転角 $\theta$ 関係ともに，梁の断面せいが大きくなると耐力・剛性ともに高くなる傾向が見られた．しかし，柱断面 120 mm×120 mm の試験体は梁のせいによる違いがあまり見られない．これは，柱断面が相対的に小さすぎるため，接合部の変形よりも柱の曲げ変形が卓越したからであると考えられる．また，初期剛性 $K_\theta$ を比較すると，同じ試験体における $M$–$\theta$ 関係，$M$–$R$ 関係の $K_\theta$ と $K_R$ が近い値であるほどバランスがよく，靱性に富んでいることが見て取れる．すなわち，部材の剛性も含まれた初期剛性 $K_R$ に対して，接合部の初期剛性 $K_\theta$ が大きすぎると部材に大きな負担がかかるという力学的に至当な現象が現れている．またト形試験体において，柱の断面欠損による耐力への影響はほとんど見られなかった．

### ▶ 4.4.5 実験結果と算定結果の比較

柱梁接合部の曲げ実験で用いた試験体の断面解析を行い，実験結果との比較によりその妥当性を示す．

#### a. 力学モデル

一例として MT-T18-C24B30 試験体の接合部に曲げが作用したときの応力状態を図 4.85 に示す．柱–梁接合部の曲げ実験結果などから 5 種類の応力を仮定した．その応力の釣合いから柱–金物間および梁–

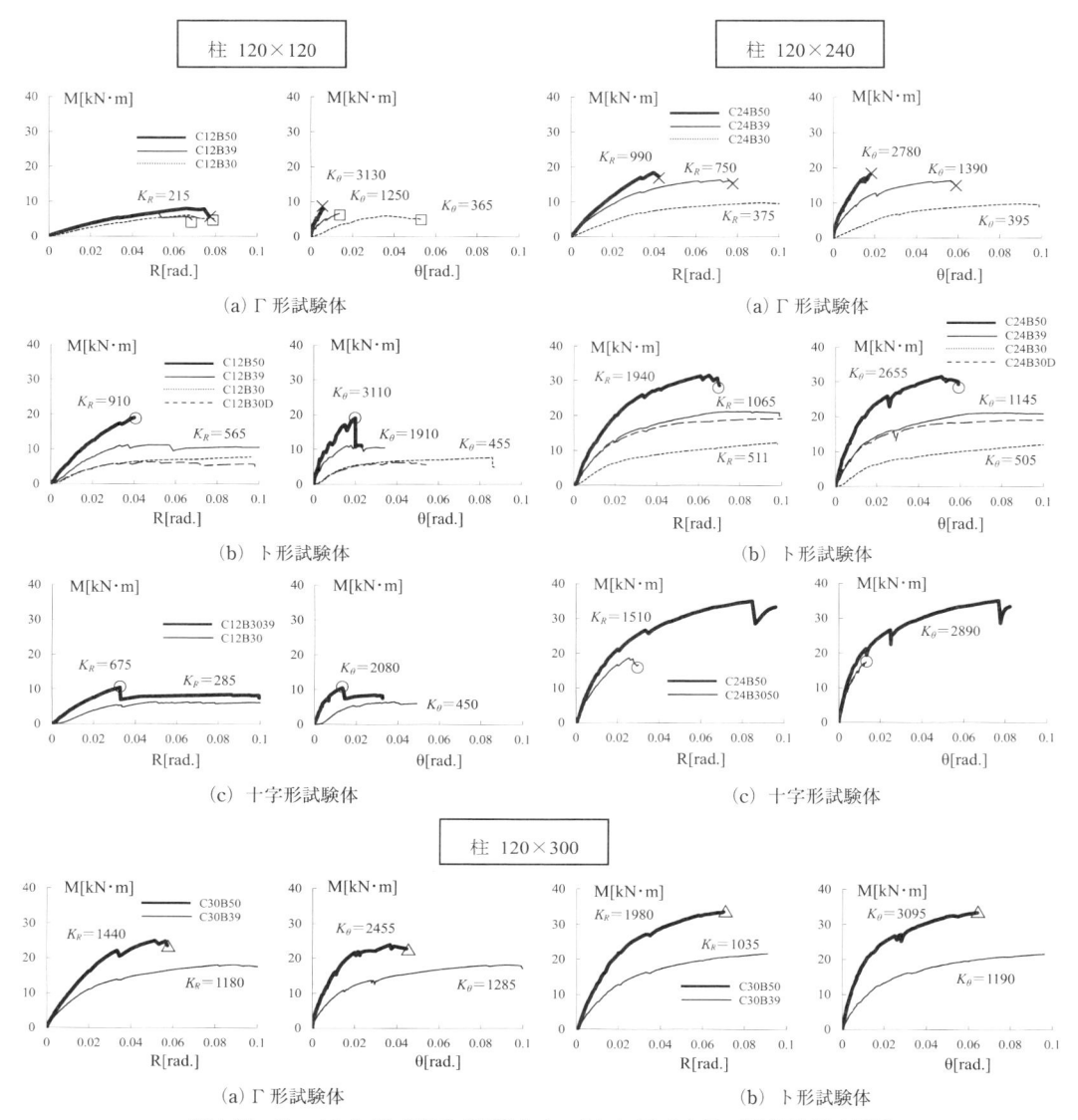

**図4.84** モーメント$M$-部材角$R$関係とモーメント$M$-柱と梁の相対回転角$\theta$関係

C24B30：柱120×240　梁120×300（mm×mm）
D：柱に欠損あり
複数体実験している試験体では平均した値を載せている．また，平均した値は最初に破壊した試験体の範囲までを示している．
式（4.14）より$K_\theta = M/\theta$として求めた．
×：柱の曲げ破壊，□：柱木口からの破壊，○：柱のせん断破壊，△：梁木口からの破壊．

金物間の回転剛性$R_c$，$R_b$を求め，直列結合することにより接合部の$M$-$\theta$関係を算定した．

$$M = \frac{L-l}{L}\left(\frac{R_b + \omega R_c}{R_c R_b}\right)\theta \quad (4.14)$$

ただし，

$$\omega = \frac{L - \lambda_x}{L}, \theta = \theta_1 + \theta_2$$

$\theta$：柱-梁間での相対回転角
$\theta_1$：柱-金物間での相対回転角
$\theta_2$：梁-金物間での相対回転角

また，集成材の応力度-ひずみ度関係は，等変位全面横圧縮試験の結果をバイリニアに近似し，LSBの剛性は既往の引張実験の結果を用いた．

**b. 柱側の力の釣合式**

引張側ではLSBが抵抗し，圧縮側では金物や梁の柱へのめり込みによって抵抗すると考える．柱への

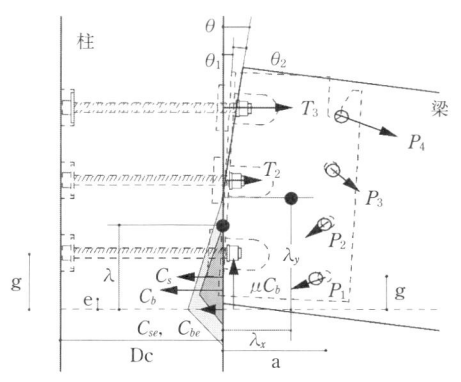

λ：梁下端から柱-金物間の回転中心までの距離
$\lambda_x$：危険断面から梁-金物間の回転中心までの距離
$\lambda_y$：梁下端から梁-金物間の回転中心までの距離
$C_s$：金物による柱へのめり込み力
$C_b$：梁による柱へのめり込み力
$C_{se}, C_{be}$：各余長部分のめり込み力
$\mu C_b$：柱-梁間に働く動摩擦力
$T_j$：ラグスクリューボルトに作用する引張力
$P_j$：ドリフトピンに作用するせん断力
Dc：柱せい
a：危険断面からドリフトピンまでの距離
g：梁下端からドリフトピンまでの距離
e：梁下端から金物までの距離

図 4.85 接合部の応力状態

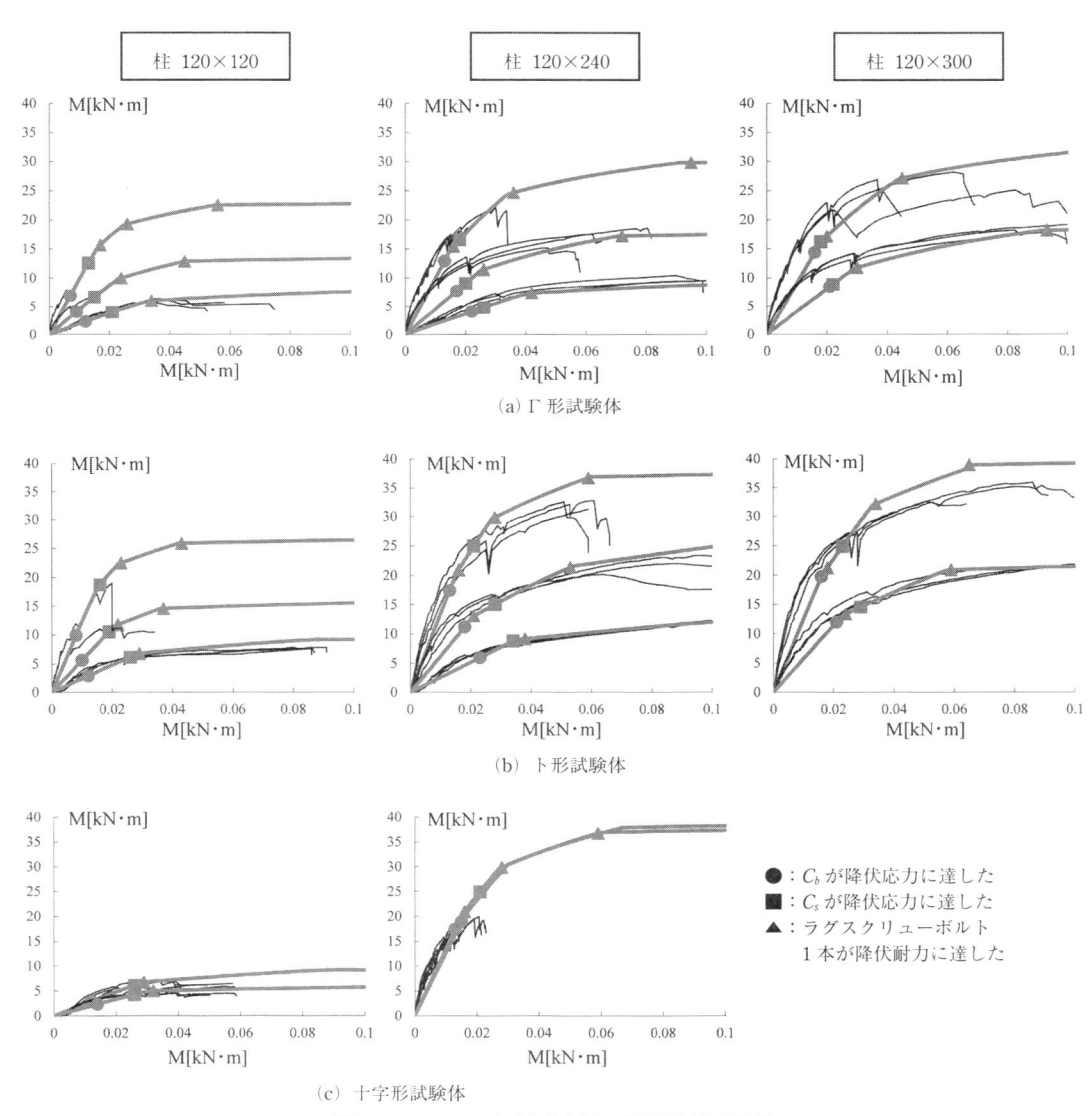

柱 120×120　　柱 120×240　　柱 120×300

(a) Γ形試験体

(b) ト形試験体

(c) 十字形試験体

●：$C_b$ が降伏応力に達した
■：$C_s$ が降伏応力に達した
▲：ラグスクリューボルト1本が降伏耐力に達した

図 4.86 モーメント $M$-柱と梁の相対回転角 $\theta$ 関係

4.4 モーメント抵抗接合部の力学的挙動

めり込み抵抗力は三角形分布とし，圧縮側のLSBの抵抗力は無視する．また，柱－金物間での回転中心を危険断面位置上にとり，梁下端から回転中心までの距離を$\lambda$とする．危険断面における平面保持を仮定し，力の釣合いを解くことで未知数である$\lambda$を収れん計算により求める．

柱側のX方向，曲げモーメントの力の釣合式を式(4.15)に示す．

$$\Sigma X = \Sigma T_j - C_s - C_b = 0$$
$$\Sigma M_1 = \Sigma M_{Tj} + M_{Cs} + M_{Cb} = R_c \theta_1 \quad (4.15)$$

ただし，$M_{Tj}$，$M_{Cs}$，$M_{Cb}$はそれぞれ$T_j$，$C_s$，$C_b$による回転中心位置での曲げモーメントとする．

**c．梁側の力の釣合式**

梁側ではドリフトピンの抵抗と梁の柱へのめり込み抵抗力，柱と梁の間に働く動摩擦力を考える．動摩擦係数$\mu$は0.19とした．梁－金物間での回転中心までの距離をそれぞれ，危険断面位置から$\lambda_x$，梁下端から$\lambda_y$とする．力の釣合式を解くことで未知数$\lambda_x$，$\lambda_y$を収れん計算により求める．

梁側のX方向，Y方向，曲げモーメントの力の釣合式を式(4.16)に示す．

$$\Sigma X = \Sigma P_{j-x} - C_b = 0$$
$$\Sigma Y = \Sigma P_{j-y} - \mu C_b = 0$$
$$\Sigma M_2 = M_P + M_{Cb} + M_\mu = R_b \theta_2 \quad (4.16)$$

ただし，$M_P$，$M_{Cb}$，$M_\mu$はそれぞれ$P_j$，$C_b$，$\mu C_b$による回転中心位置での曲げモーメントとする．

**d．実験結果との比較**

図4.86に示すように全試験体の正載荷側のモーメント$M$－柱と梁の相対回転角$\theta$関係に関して，実験結果と解析結果は概ねよい対応を示すことがわかる．

## 4.5 まとめ

以上，木質構造を構成する要素のうち，特に耐震性に関係が深いものの力学的挙動を示し，それらの力学モデルを示した．それぞれの要素の挙動を精度よく表現できているので，これらのモデルを用いて建物全体の力学モデルを作成することにより，全体挙動を予測することも可能になる．すなわち，あるレベルの地震動入力に対して木質構造の力学的挙動の予測ができるということであり，それによって耐震性を示すことも可能になる．

よい精度を有する力学モデルを作り出すには，実験時の計測が非常に大切である．どんな力学モデルを作成するかあらかじめ決めておいて，その力学モデルに相応した実験を行わないと実験データは生きてこないし，力学モデルの精度もよいものにはならない．

また，複合応力の影響や立体効果を考慮しなければならない場合もあり，建物全体に対する力学モデルには別途追加検討が必要な場合がある．

**参考文献**

1) Faella, C., Piluso, V. & Rizzano, G.：Structural Steel Semi-Rigid Connections, LLC, pp.48-57, 2000.
2) 笠井和彦，坂田弘安，和田　章，宮下　健：K型ブレースによるシアリンク制振機構を用いた木質架構の動的挙動．日本建築学会構造系論文集，598号，51-60，2005.
3) 村上雅英，稲山正弘：任意の釘配列で打たれた合板壁の弾塑性挙動の予測式．日本建築学会構造系論文集，519号，87-93，1995.
4) 木造軸組構法建物の耐震設計マニュアル編集委員会（編）：伝統構法を生かす木造耐震設計マニュアル—限界耐力計算による耐震設計・耐震補強設計法—，学芸出版社，2006.
5) 笠井和彦，湊　直生，川鍋佳史：粘弾性ダンパーの等価剛性の調節による制振構造の応答制御手法．日本建築学会構造系論文集，610号，75-83，2006.
6) （財）日本住宅・木材技術センター（編）：木造軸組工法住宅の許容応力度設計，pp.331-353，368-382，565-574，588-590，2008.
7) 村上雅英，清水秀丸，秦　正徳，後藤正美，稲山正弘：在来軸組工法における石膏ボード有開口大壁の終局強度設計法の提案．日本建築学会構造系論文集，533号，121-126，2000.
8) Sugiyama, H. & Matsumoto, T：Empirical Equations for the Estimation of Racking Strength of a Plywood-Sheathed Shear Wall with Openings. 日本建築学会大会学術講演梗概集，C，89-90，1994.
9) （社）日本ツーバイフォー建築協会：2007年枠組壁工法建築物構造計算指針，82-87，2007.

# 索　引

## 欧　文

CTOD　18, 19

FEM 弾塑性動的応答解析　8

JAS　76

## ア　行

明石海峡大橋　1
圧縮塑性ひずみ　15
厚物構造用合板　77
安全性　40

移動硬化則　11

エネルギー吸収能力　30
エネルギー吸収量　72
エネルギースペクトル　29

応答スペクトル　73

## カ　行

開口影響係数　83
かすがい　50
カーテンウォール　28
角溶接割れ　4
壁倍率　67
壁量　41

局部座屈　1, 28

釘配列係数　79
釘配列2次モーメント　79

限界CTOD値　24
限界耐力計算法　73
限界耐力法　48
減衰定数　72

鋼橋　1
剛床仮定　75
鋼製橋脚　4, 6

構成則　11
合成梁　35
剛性偏心　43
剛性有効係数　83
降伏機構　27
降伏線理論　33
鋼部材　32
骨格曲線　31
固有周期　72

## サ　行

再使用性能　41
座屈　4
座屈破壊　4
三角リブ　15
残留変形　58

シアプレート　87
シェル要素　9
支承　2
シャルピー値　35
重量偏心　43
純鉄骨部材　35
常時荷重　40
使用性　40
伸縮継手　3

水平構面　75
杉山式　83
スプリットリング　87
スリット　46
スリップ　72
スリップ型　63

制振壁　59
脆性破壊　4, 5, 14, 16, 28
石膏ボード　65
遷移温度　20

総エネルギー入力　29
層間変形　28
塑性変形　1
塑性変形能力　27
そで壁　46
損失剛性　68

損傷に寄与するエネルギー　30
損傷分散係数　30

## タ　行

耐久性　40
耐震壁　41
耐震連結装置　3
耐力壁　59
耐力偏心　43
耐力有効係数　83
タイロッド式　78
短ほぞ　50
断面解析　55, 91

柱脚固定式　60, 81
鋳造鋼　6
貯蔵剛性　68

低サイクル疲労　4, 5, 15

倒壊　27
等価累積塑性変形倍率　31
動摩擦係数　94

## ナ　行

西宮港大橋　1

粘弾性ダンパー　60, 61, 71

## ハ　行

バウシンガー効果　31
破壊靱性　17
幅厚比　34
梁降伏型　27
梁端部　28

引寄せボルト　55
非常時荷重　40
ビス　53
ひずみ履歴　14, 18

復元力　35
復元力特性　53

部分スリット　46
ブレース　28
フレーム解析　58

保有水平耐力　41

## マ　行

摩擦ダンパー　60, 62, 71
マルチスプリングモデル　47

めり込み　50

木質構造　50

モーメント抵抗接合　86
モルタル　65

## ヤ　行

有限要素法　33
床倍率　75

窯業系サイディング材　65
余長　56

## ラ　行

ラグスクリューボルト　88

ラージフィンガー　87
ラーメン構造　7

履歴モデル　57

累積塑性変形倍率　30

劣化挙動　32

六甲アイランド大橋　1

編集者略歴

林　静雄（はやし　しずお）

1947年　長崎県に生まれる
1971年　東京大学工学部建築学科卒業
現　在　東京工業大学応用セラミックス研究所教授
　　　　工学博士

シリーズ〈都市地震工学〉4
**都市構造物の耐震性**　　　定価はカバーに表示

2012年3月30日　初版第1刷

編集者　林　　静　雄
発行者　朝　倉　邦　造
発行所　株式会社　朝　倉　書　店

東京都新宿区新小川町 6-29
郵便番号　162-8707
電　話　03（3260）0141
ＦＡＸ　03（3260）0180
http://www.asakura.co.jp

〈検印省略〉

© 2012〈無断複写・転載を禁ず〉　　　中央印刷・渡辺製本

ISBN 978-4-254-26524-8　C 3351　　　Printed in Japan

JCOPY 〈(社)出版者著作権管理機構 委託出版物〉

本書の無断複写は著作権法上での例外を除き禁じられています．複写される場合は，そのつど事前に，(社)出版者著作権管理機構（電話 03-3513-6969，FAX 03-3513-6979，e-mail: info@jcopy.or.jp）の許諾を得てください．

東工大 山中浩明編
シリーズ〈都市地震工学〉2
## 地震・津波ハザードの評価
26522-4 C3351　　B5判 144頁 本体3200円

地震災害として顕著な地盤の液状化と津波を中心に解説。〔内容〕地震の液状化予測と対策(形態、メカニズム、発生予測)／津波ハザード(被害と対策、メカニズム、シミュレーション)／設計用ハザード評価(土木構造物の設計用入力地震動)

東工大 竹内　徹編
シリーズ〈都市地震工学〉6
## 都市構造物の損害低減技術
26526-2 C3351　　B5判 128頁 本体3200円

都市を構成する建築物・橋梁等が大地震に遭遇する際の損害を最小限に留める最新技術を解説。〔内容〕免震構造(モデル化／応答評価他)／制震構造(原理と多質点振動／制震部材／一質点系応答他)／耐震メンテナンス(鋼材の性能／疲労補修他)

東工大 大野隆造編
シリーズ〈都市地震工学〉7
## 地 震 と 人 間
26527-9 C3351　　B5判 128頁 本体3200円

都市の震災時に現れる様々な人間行動を分析し、被害を最小化するための予防対策を考察。〔内容〕震災の歴史的・地理的考察／特性と要因／情報とシステム／人間行動／リスク認知とコミュニケーション／安全対策／報道／地震時火災と避難行動

東工大 翠川三郎編
シリーズ〈都市地震工学〉8
## 都市震災マネジメント
26528-6 C3351　　B5判 160頁 本体3800円

都市の震災による損失を最小限に防ぐために必要な方策をハード、ソフトの両面から具体的に解説〔内容〕費用便益分析にもとづく防災投資評価／構造物の耐震設計戦略／リアルタイム地震防災情報システム／地震防災教育の現状・課題・実践例

東大 平田　直・東大 佐竹健治・東大 目黒公郎・前東大 畑村洋太郎著
## 巨 大 地 震 ・ 巨 大 津 波
―東日本大震災の検証―
10252-9 C3040　　A5判 208頁 本体2600円

2011年3月11日に発生した超巨大地震・津波を、現在の科学はどこまで検証できるのだろうか。今後の防災・復旧・復興を願いつつ、関連研究者が地震・津波を中心に、現在の科学と技術の可能性と限界も含めて、正確に・平易に・正直に述べる。

東工大 三木千壽著
## 橋 梁 の 疲 労 と 破 壊
―事例から学ぶ―
26159-2 C3051　　B5判 228頁 本体5800円

新幹線・高速道路などにおいて橋梁の劣化が進行している。その劣化は溶接欠陥・疲労強度の低さ・想定外の応力など、各種の原因が考えられる。本書は国内外の様々な事故例を教訓に合理的なメンテナンスを求めて圧倒的な図・写真で解説する

東京海洋大 刑部真弘著
## エ ネ ル ギ ー の は な し
―熱力学からスマートグリッドまで―
20146-8 C3050　　A5判 132頁 本体2400円

日常の素朴な疑問に答えながら、エネルギーの基礎から新技術までやさしく解説。陸電、電気自動車、スマートメーターといった最新の話題も豊富に収録。〔内容〕簡単な熱力学／燃料の種類／ヒートポンプ／自然エネルギー／スマートグリッド

日本地質学会構造地質部会編
## 日 本 の 地 質 構 造 100 選
16273-8 C3044　　B5判 180頁 本体3800円

日本全国にある特徴的な地質構造―断層、活断層、断層岩、剪断帯、褶曲層、小構造、メランジュ―を100選び、見応えのあるカラー写真を交え分かりやすく解説。露頭へのアクセスマップ付き。理科の野外授業や、巡検ガイドとして必携の書。

京大 宮川豊章総編集
東工大 大即信明・理科大 清水昭之・前大林組 小柳光生・東亜建設工業 守分敦郎・中日本高速道路 上東　泰編
## コンクリート補修・補強ハンドブック
26156-1 C3051　　B5判 664頁 本体26000円

コンクリート構造物の塩害や凍害等さまざまな劣化のメカニズムから説き起こし、剥離やひび割れ等の劣化の診断・評価・判定、測定手法を詳述。実務現場からの有益な事例、失敗事例を紹介し、土木・建築双方からアプローチする。土木構造物では、橋梁・高架橋、港湾構造物、下水道施設、トンネル、ダム、農業用水路等、建築構造物では集合住宅、工場・倉庫、事務所・店舗等の一般建築物に焦点をあて、それぞれの劣化評価法から補修・補強工法を写真・図を多用し解説

日大 首藤伸夫・東大 佐竹健治・秋田大 松冨英夫・東北大 今村文彦・東北大 越村俊一編
## 津 波 の 事 典
16050-5 C3544　　A5判 368頁 本体9500円

メカニズムから予測・防災まで、世界をリードする日本の研究成果の初の集大成。コラム多数収載。〔内容〕津波各論(世界・日本、規模・強度他)／津波の調査(地質学、文献、痕跡、観測)／津波の物理(地震学、発生メカニズム、外洋、浅海他)／津波の被害(発生要因、種類と形態)／津波予測(発生・伝播モデル、検証、数値計算法、シミュレーション他)／津波対策(総合対策、計画津波、事前対策)／津波予警報(歴史、日本・諸外国)／国際的連携／津波年表／コラム(探検家と津波他)

上記価格(税別)は2012年2月現在